丹下健三

人間と建築

デザインおぼえがき　復刻版

TANGE

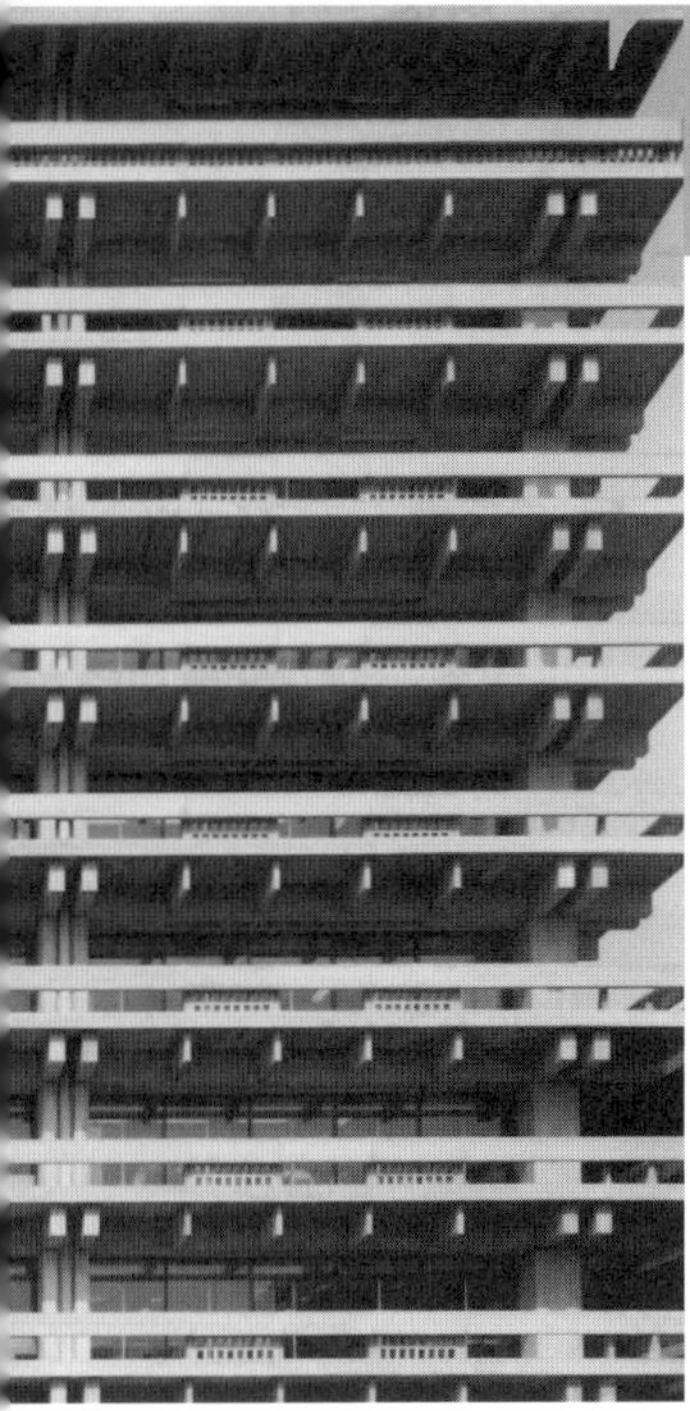

彰国社

装丁◆工藤強勝+原田和大（デザイン実験室）

復刻に寄せて

父、丹下健三の旧著である『人間と建築』『建築と都市』の初版が出版されてから四〇年以上の歳月が流れました。そのような長い時間を経て、また経済的にも社会的にも時代背景の異なる現代において、本書が必要とされ、復刻されることとなり、息子として素直に嬉しく思います。

父が国内で大規模プロジェクトを次々と手がけた一九五〇年代から七〇年代は、日本が戦後の復興から高度経済成長期へと突入していった、たいへん勢いのある時代でした。数々の国家的プロジェクトが進められたその時代に活躍することのできた父を、現在、同じ建築業界に身を置くものとして、少し羨ましく思うところもあります。

しかし復刻にあたって、二冊を読み返しあらためて感じたことは、「丹下哲学」ともいうべき、父が築き私どもがいまも中心に据えている建築哲学は、そのころからあまり変わりがないということでした。もちろん、時代に合わせて進化、発展した考え方もありますが、根本的な部分ではあまり変わっていません。

本書に「一九六〇年代は、私の関心はより文明史的な、あるいは未来学的な立場に立って、機能主義から構造主義へ、そうしてまた建築から都市への方向に向けられてきた」とありますが、おそらく父は、日本の建築家の中で、はじめて都市というものに向き合い、それを建築と同じ位相で考えた人ではないでしょうか。高度経済成長期にあった一九六一年に発表された「東京計画一九六〇」の中で、父は、都市の本質をネットワークとコミュニケーションにあるとし、その中心に「人」を据えました。「人」が移動するための交通システムであり、「人」がコミュニケーションをとるための場、それらが計画の基本にあったといえます。父はまた、情報化社会において大切なことは、人がコミュニケーションをとり、アイデアを交換しあう自由な環境を創造することだ、と話していました。それが、未来に向けてすべての都市が選択すべき道である、と。

工業化社会から情報化社会に転換するとき、そこには「社会」という大きな共通項がありました。しかし現代は「社会」よりも「個」が尊重される時代であるといえます。私も、「人」を大切にした父の発想を受け継ぎ、個人がより快適に過ごせる空間、一人ひとりが心地よいと感じる空間づくりを設計の基本とし、父が歩んだ道をこれからも習い進んでいきたいと思います。

末筆ながら、本書の復刊にあたって種々ご尽力いただきました関係者の皆様に、深く感謝申し上げます。

二〇一一年九月一日

株式会社　丹下都市建築設計　代表取締役社長

丹下憲孝

人間と建築

デザインおぼえがき

丹下健三

序

この小冊子は、私が折にふれて発表してきた文章を多少整理しなおして、まとめたものである。ふりかえってみると、私の考えかたやその対象とするところは、大きく一九六〇年前後を境にして変わってきているように思える。一九四〇年代、一九五〇年代、私は機能主義の立場に立ちながらも、現実と伝統といったものを見つめることによって、それを乗りこえようとしていたといってよい。

しかし一九六〇年代は、私の関心はより文明史的な、あるいは未来学的な立場に立って、機能主義から構造主義へ、そうしてまた建築から都市への方向に向けられてきた。

東京計画―一九六〇とか、一九六五年の日本列島の将来像――東海道メガロポリスの形成は、その一つの現われであるが――これらについて詳しくは講談社現代新書『日本列島の将来像』を参照されたい――、またプロジェクトとしても、アーバン‐デザインの領域のものの比重が多くなっているが、しかし、こうした問題意識の変化は、個々の建築デザインにも、またその方法論にも現われている。

この小冊子はこうした経過を反映するよう、ほぼ年代的に分類されていて、『人間と建築』には前半の時期のものが、そして『建築と都市』には後半の時期のものがまとめられている。

彰国社の方々のご親切なおすすめがなければ、こうした本として出版されるなどということは起こらなかっただろう。それにつけても、出版にあたってのわずらわしい整理や編集の仕事を引き受けてくださった彰国社の山本泰四郎さんに、心からの感謝を申しあげたい。

一九七〇年四月六日

丹下健三

目次

凡例
■文中Ⅰ―①からⅠ―⑯は、本書巻末の写真番号を示す
■文中Ⅱ―①からⅡ―㉖は、『建築と都市――デザインおぼえがき』巻末の写真番号を示す

I

建築家論

1　日本の建築家

建築家の外部と内部――内部から外部に向かう創造力と外部から内部に働く職分組織は、切りはなすことはできない

建築家も社会の一員であり――私はここでは意識的に漠然とした社会という言葉を使いたい――社会と深いつながりをもつものであることはいうまでもないことであるが、しかし建築家は、建築家としての特殊な職分と立場をもつことによって、社会と対決している。

日本の場合、現在、数万の建築家が、日々、創造の営みをしている。

建築家たちは、日々、クライアントと交渉し、仕事場で創作活動を行ない、また建設業者やその技術者との話合いや監督に余念がない。そうしてその報酬によって――fee や salary や commission によって生活を営んでいる。また出来上がった建物にたいしては、その使用者や建築家仲間や、さらに一般からも、有言、無言の批判をうけている。このような日々の建築創造の営みを通じて、建築家は、クライアントの背景にその社会的、経済的立場、あるいは政治的立場を感じ、またその建物の使用者の背後に広範な民衆の存在を感じ、またそのようななかに矛盾を認識するだろう。また創作や建設を通じて、建築の科学や技術的体系の有用性やその限界を、さらにそこにおける矛

盾を知るだろう。その技術の水平線上に、生産力の水準や、生産関係のあいだの矛盾などにつきあたることもあるだろう。また、日々の生活のなかで矛盾に遭遇するだろう。

このような日々の建築創造の営みは、それぞれの建築家の現実認識をかたちづくってゆくのである。そうしてその現実認識はさらに明日の実践の糧になってゆくのである。またこういうなかで、建築家が、建築家であることの職分の意識もつくられてゆくのである。

このようなところが、建築家と現実社会との、接触面の実体をなしているのであり、それは対決の場面でもある。その対決の場面において、建築家はこの現実社会をどのように認識しているのであろうか。また建築家の職分の意識をどのようにかたちづくってゆくのであろうか。

日本の場合について、結論的にいうならば、こういってもよいであろう。この対決の場面において、一方には強い封建的な勢力の残渣《ざんさ》、権力や権威に遭遇し、他方、その問題の解決や克服は、すべて建築家の個人個人の努力に任されているのである。そのために、建築家は、この現実社会との対決のなかで、自己の立場と位置をしかとつかまえることができないばかりか、彼が社会にたいして、いかに奉仕し、それにたいして、社会は彼にいかに報いようとしているのか、建築家は社会とのつながりにおいてきわめて不安定である。建築家は、その職分をいかに意識すればよいかさえ見定めることができないでいる。そうしてそれを横に広く、連帯的に意識してゆくこともできないで、この現実との対決は、いぜんとして個人にゆだねられており対決の場面を対決の戦線に統一することができないでいる。このようなところで、日々くりかえされている個人的能力をこえた苦難の体験は、建築家のなかに、あるときには無力感として、あるときには逆に悲愴感としてゆがめられて反映されてゆき、さらに生活地盤の不確定さは、不安感として消極的に反映している。だからその体験を、普遍的な認識に広め、さらにそれを積極的な認識に高めてゆくことを困難にしている。建築家は、その創造力を十分に発揮することができないばかりか、創造力をしだいにすりへらしてゆかなければならない。

このように、建築家の外部世界と内部世界は深くつながっているのである。私は建築家の創造力をこのような鬱積《うっせき》した状態から解放するために、建築家は、外部世界をさらに見つめる必要があり、社会との対決を、さらに強く意識する必要がある、と思っている。それは対決の戦線を意識することなのである。

このような日本の建築家をとりまく外部世界の現実は、どうして生まれてきたのであろうか。それは日本の社会構造の歴史的な過程から生まれてきたものであるだろう。と同時に、そこから生まれた建築家の意識がまた、慣性的に作用していることも見落とすことはできないだろう。これらについて、構造的に明らかにしてゆくことは、私の能力をこえた問題であるが、しかし、ここで、現象的に現われているいくつかの点について指摘することも、むだではないであろう。今後、建築史家がさらにこの建築家の現実を明らかにし、私がここで犯すであろう誤りを訂正し、批判されることを、むしろ、私は望みたいのである。

いわゆる建築家——その職分の立場と意識は西欧市民社会において形成された

このような問題について、多少とも考えを進めるにあたってまず私は、建築家とここでいっているものは、決して一般概念ではなく、歴史的規定をもったものとしてとらえられないかぎり、現実的な理解に到達しえない、ということを明らかにしておきたいのである。

私たちが、漠然とではあるが、建築家というものについて感じている、自由職業としての建築家、そこからくる職分意識は、ヨーロッパの近代市民社会のなかで醸成されたものであるとみてよいだろう。

西欧社会では医者、弁護士、建築家はながく、自由職業つまりプロフェッションとして認められてきた。

医者は人間の生命を守るものとして、あるときには天職として認められていたことはだれもが知っている。医者は権力からも資本からも完全に自由でなければならないことも、だれもが知っている。

それと同じように弁護士は人間の基本的人権を守るものとして、同じように権力からも資本からも独立であり、自由でなければならないことも理解しうるところである。

もちろん医者といい、弁護士といい、現在、ますます商業的になりつつあるという現実は一方で認めながらも、人間の基本である生命とその人権を守るものとしての特殊なプロフェッションとして存在してきたのである。さらに西欧社会では建築家は人間の基本的環境を守るものとして、同じように権力からも資本からも自由であり、人間の立場、市民の立場に立たなければならないという職分意識はかなり強く発揮されてきた。

このような職分意識が生まれてくるのは西欧における市民社会においてであると考えてよいだろう。封建的権力から脱出して、自らの自治都市をつくった市民層のなかで、医者も弁護士も建築家もそれぞれ一人の市民として、封建的権力から独立し自由を獲得していったといえるだろう。

建築家はクライアント(あるときには封建勢力であり、あるときには豪商でもあっただろうが)からも独立し、さらに営利を旨とする施工者からも分離して、自由な職分としての建築家像をつくりあげたと見てよいだろう。

さらに近世、ルネサンスにいたって、個性にめざめた自由な創造者としての建築家、都市デザイナーが生まれ、そうして一八世紀、一九世紀にかけて現実社会——資本主義社会——にたいする自由なる批判者としての建築家、都市デザイナーが現われてくる。

そうして社会と建築家との間の信頼と評価が成熟してきたといってよいだろう。

建築家はクライアントにたいして、善意と信頼、努力と報酬という相互の自由な関係において、職分上の忠告者であり、助力者である。また施工者にたいしては、経済的に完全に独立であり、自由であって、技術的指導者であるとともに、その利益を侵害しない。このように、建築家はクライアントと施工者との間に立って、公正に自由に行動するという建築家の基本的立場と、また、それによって、建築家は彼の住む社会——彼の住む市民社会——の福祉に奉仕するものであるという自覚と意識、また一方、社会から建築家に与えられる評価が、成熟してきたのである。

しかし、これとても、自動的に成熟したものではなく、建築家はその社会的、経済的立場をまもるために、社会にたいして対決の戦線を組織してきたのである。それはギルド的なものから、しだいに、契約によって社会につながる民主的な立場による組織に制度化されてきたのである。そのことは欧米のＲＩＢＡやＡＩＡがよく示しているところである。

しかし現在、とくにアジア諸国、あるいは日本、さらにヨーロッパの一部において――すでに成立している社会主義国家は別として――建築家は社会との対決において、多くの社会的矛盾を体験し、実感しはじめている。おそらくそれぞれの国のおかれた社会的、経済的条件によってその体験と実感は異なるであろうが、一般的にいいうることは、建築家がおかれている階層であるいわゆる中間層が、社会的な実体感を喪失しつつあり、また崩壊しつつあるという現実からくるものである。世界的な規模で資本主義社会と社会主義社会が対立し、国内的には、資本と労働の対立がますます実体化してゆくにつれて、中間層は、市民社会においてのような安定した層としての実感をますます希薄にしてゆくのであるが、建築家も一人の中間層として、それからのがれることはできない。彼が理論的に資本主義の立場に立とうと、社会主義の立場に立とうと、また感情的に資本の側に立とうと、労働の側に立とうと、彼は本質的には、資本家でも労働者でもない。いずれの立場と利益をも、実感することは困難なのである。彼が善意と努力をかたむけて奉仕しようとしている社会とは何であるのか、彼が評価と報酬をそこから得ようとしている社会とは何であるのか。ここでは社会というような漠然とした言葉は、彼の実感に訴えることがないのである。

このような現実は、「建築家とは何か」という問いを、あらためて確かめなおすことを必要とする転機になったのである。

私は、日本の建築家も、このような転機に遭遇しているという一般的現実を一応念頭におきつつ、しかもなお、日本の現実のなかには、きわめて特殊な、むしろその転機以前の問題がより多く鬱積しているということを明らかにしてゆきたいのである。

日本の建築家の特殊性——それは市民社会を経過することのなかった日本社会の特殊性にもとづいている

私は日本歴史のなかに現われた建築家的存在が、いつから始まったのかを知らないのであるが、一般的にいって、クライアント、建築家、施工者の分化は、ヨーロッパ世界に比べるならば、不十分にしか成熟しえなかったような歴史的条件があったように思われる。

この未分化は、建築や都市計画が権力や資本の論理をそのまま実現する手段となることを意味しているといえよう。

たとえば法隆寺の建築を聖徳太子の指図とし、さらに近世の例としても、桂離宮の建築を八条の宮の指図によるものと史家が示すところなどは、あきらかにクライアントと建築家の分化がまだ十分に行なわれていなかった歴史的事実を示すであろうし、また近世の茶人や禅僧が建築の設計を自ら行なったことなども、このことを示すものであろう。とくに近世封建社会における普請奉行などの存在は、ヨーロッパの近世市民社会における建築家と特徴的な対比をなすものであろう。小堀遠州なども、そのような奉行的存在であったように思われる。そのような存在は、徳川幕府という封建的権力の内側にあって、その利益代表であり、またその代弁者でありつつ、また設計者であり、工事監督官でもあったのである。さらに施工もおそらく直営的に行なわれたであろうし、工匠または職人はその全き従属下にあったと考えてもよいであろう。

このような形態は、日本が明治の維新によって近代国家として立ち上がったあとも、強固に残されていた。日本の土木事業における形態は、官庁によって企画され、予算化され、さらに設計が行なわれ、そうしてその施工は直営というかたちで片務契約的に行なわれていたことなどは、その一例であろう。戦後になって請負企業の力のたかまりにつれて、ようやく、施工の分化が現われはじめているといった状態である。さらに建築においても、官庁営繕の組織が強力に残されていることも、このような歴史的過程から思い合わせることができるだろう。戦前まで強い勢力と権力とを占めていた大蔵省営繕管財局はそのような国家権力の代弁者的位置を保っていたのである。

そのようなかで育てられる建築技術者は、宮仕え的奉公意識にささえられており、国民への奉仕という意識は、ほとんどもつことがなかった、ということは、もっともありうることであった。日本の都市が市民による市民のための自治都市としてつくられたものではなく、官製の都市であったという点において、都市計画そのものも中央政府の権力の論理から自由であることができず、市民のための都市計画が生まれなかった。

しかしそのような時にも、逓信・鉄道などの建築技術者は、専門的、技術的なものを武器として、宮仕え的奉公意識には抵抗を示し、独自の技術的成果をあげたことを忘れることはできないし、また地方自治体の建築技術者のなかには、学校建築その他において、市民への奉仕という意識をもりあげていったものもあったことも特筆に値することであろう。また同潤会という半官半民的なもののなかから住宅問題をとりあげ、そのなかで、建築技術者は大衆への関心を深めていったことも記憶さるべきであろう。

この戦後、国家権力の外からの解体によって、営繕管財局的存在は許されなくなり、建設省、各省や地方自治体、あるいは住宅公団などにおける官庁建築技術家層のなかには、新しい型の官庁建築家が芽ばえつつあるという希望をもたせる傾向が現われている。しかしまた反面、国家権力の回復に従って――それは帝国主義的段階における資本主義国家の一般的傾向である――、その将来を危惧させる面があり、また日本の歴史的過程からくる残渣が、十分に克服されていないままでいるところなども、十分に反省する必要があるように思われる。

国家が社会主義化するにつれて、あるいは社会主義の成立している国家において、官庁建築家の役割と位置はますます大きく重たいものとなりつつある。しかし、それは、国家権力にたいしては奉公し国民にたいして奉仕することを知らない封建的権力のもとにある建築家とは本質的に異なったものである点は留意すべきである。イギリスはこの戦後労働党内閣の社会主義的政策の下で、住宅、都市の多くは、ＬＣＣなどの自治体内の建築家によってデザインされることが多かったが、しかし彼らは官庁のなかにおいても、独立で自由な建築家の職分を維持しており、決して官庁機構のなかに埋没してしまうことはなかった。彼らはその後多く独立して自由な建築家として創造的な仕事をしている。これにくらべて日本の官庁機構のなかの建築家が、いかに非創造的であったかは対照的である。

一方日本の封建社会における大工または棟梁は、自ら設計をし、また自ら施工をしているものが多かった。そうして現在でも棟梁または大工の設計施工による建築は多いのである。施工が請負という商業的企業形態をとったあとも、設計と施工の分離分化は進展しないままであった。現在の請負企業にはほとんど設計部門が従属しており、とくに大企業においては、一般建築事務所の匹敵することのできないほどの大規模な設計組織が存在しているということは、日本の特殊性であり、また日本の歴史的過程から説明しうるものであるかもしれない。これはまた日本の建築家が資本の論理からも企業の立場からも独立な自由を獲得することができず、市民のための建築家という職分意識が成熟しなかった日本の特殊性でもある。しかし一方、このような大組織のなかで、また豊富な仕事の機会と経験をもった建築技術者が、技術的には、一般建築家に比べてむしろすぐれている面がありうることは当然であろう。

しかし、なおまだ現在、建築家と請負企業とのあいだには異なった立場、異なった利益関係が現実に存在する以上、まず建築家と施工企業の分化という過程を十分に行なうことが必要である。さもないと権力の論理と企業の論理は短絡してしまうだろう。

しかし、日本のこの現実を度外視することはできないし、そのようななかで設計活動をしている大量の請負建築技術者層の存在を度外視することもできない。建築家と請負建築技術者との対立はいたしかたのない現実である。それは簡単に解消するようなものでは決してないであろう。だからといってこの対立とこの対立の歴史的、現実的意味を曖昧《あいまい》にしてはいけないのである。

また、企画、設計、建設、そうしてその建物の商品化という一貫的な企業が大請負企業のなかに見えはじめた最近の傾向であるが、それはまた資本主義の独占形態における、また建築生産の近代化における当然の方向でもあるであろう。

しかし封建的遺制としての設計と施工の未分化と、近代企業における設計・生産の一貫性とは厳密に区別される必要があるのである。


日本の歴史のうえで、西欧的な意味の建築家、いわゆる自由なる建築家は、辰野金吾にはじまるといってよいであろう。今から七〇年ばかり前のことである。しかし、日本の社会は封建的な社会から市民社会を経過することなく、資本主義社会につきすすんでいたのであり、すでにいったように、建築家の成熟する市民社会の地盤は非常に脆弱《ぜいじゃく》なものでしかなかったといえるであろう。辰野金吾も、そのような日本の社会的地盤から生育してきたのではなく、やはり、西欧的なものの、日本への移植を行なった最初の人であったといったほうがよいだろう。もちろん彼の建築家としての立場、またその意識には、時の権力にたいして、また施工者にたいして、毅然《きぜん》たるものがあったといわれている。しかしその背景をなす市民意識は、日本には成熟していなかったのである。当時、西欧的な建築家として教育をうけた人たちも、ほとんどが、国家と結びつくか、あるいはその権力、権威によってその立場をかろうじて主張したのであった。そういう状況のなかで、ある人は建築行政監督官となり、また官庁建築技術者となり、あるいは大学教授となった。またある人は、請負の建築技術者となり、またその経営者ともなっていった。あるいはまた、財閥の営繕課的存在となるものもあった。一人の自由なる市民としての建築家などは例外的にしか、その存在は許されなかったといってよい。

このようなことは、かつての日本の貧しい社会において、建築家の設計を必要とするような建築は、国家資本か、あるいは財閥によるものであって、一般国民のものは、ほとんど棟梁か大工まかせであったという事情からみて、当然のことであろう。それはまた、日本に市民社会を成熟させなかった社会的条件と、うらはらのものなのである。

日本の建築家の生いたちは、すでにその出発から、ゆがめられ、苦難の道を歩まなければならなかったのである。そうして、ようやく活路を見いだしてゆくのは、第一次大戦後、日本資本主義が帝国主義への発展を急速にとげた時期であるといってよい。その時代に、独立してゆく建築家層が、しだいにその数を増してゆくのである。

しかし第二次大戦の準備期から、その戦中にかけて、日本資本主義が極端な国家主義的色彩をおびてき、それらの独立建築家層は、しだいにその社会的地盤を喪失していった。ただ官庁建築技術者は、国家の技術家として、また監督官としてその力を増したし、請負建築技術者は、軍需工場や基地設営の第一線部隊として活発に生きていた。独立建築家層は、そのような国家権力にたいして抵抗してゆくことなどは許されず、その統制下に下請的存在となり、ある場合には請負企業の従属的存在にさえなりかねない苦難を味わったのである。第二次大戦後の建築家の歩みは国土の荒廃、経済の麻痺状態、外からの財閥解体、民主化、それらをおおう被占領状態という条件のなかから再出発してゆくのであるが、その当初は占領軍の設営に参加すること以外には、建築家に与えられる仕事はほとんどなかったといってよい。であるから、かろうじて戦中を堪えてきた独立建築家は、ふたたび、そのような設営に参加する以外に、生きる道はなかったのである。

日本の社会の立ちなおりが進むにしたがって、戦前の地盤を足がかりとして、あるいは新地盤を獲得して、独立建築家層は、おそらく日本の歴史はじまって以来の数に達するようになったのである。その途上で、国民の要求であった住居——とくに集団住居やアパート——やその他の社会的、公共的建築は、そのほとんどが官庁建築技術者によって設計されていた。むしろ日本資本主義の変態的な回復のためにおこった商業的、投機的建築が、そのような独立建築家層の対象とするものであった。しかし新しい事実は、国民の住居の自力建設に、新しい建築家層が積極的に参加しはじめたということである。

このように、日本の建築家の歩みを、歴史的に展望してみるとき、かなり特殊な社会的条件が存在していたことに気づくのである。それは日本の近代社会には建築家を成熟させる社会的地盤であるところの市民社会が、十分に成立していなかったという基本的条件である。国家機関のもとにある官庁建築技術者層が、勢力と幅の広い地盤をもっているということ、請負企業のなかに編入された設計技術者層が、しだいに膨大な組織をもってゆくということも、そのような基本的な条件から出てきているとみることができる。現在、日本の建設量のうち、官庁・請負・独立建築家、この三者の設計量の割合は、正確にとらえることはできないが、おそらく互角のものではないだろうか。

独立建築家層は、基本的には、市民社会を経過することがなかったという社会的条件によって、現象的には、官庁・請負にその活動の領域を先取りされて、苦しい歩みを続けてきたのである。

そのような過程で、日本の建築家は建築家の社会的な役割・責任・立場についての自覚をもつことが、十分にはできず、建築家の職分意識はきわめて希薄であり、また建築家層を横に結ぶ連帯意識をもつことができず、職分組織をかためて、社会との対決の戦線を統一してゆくこともできないでいるのである。

日本の建築教育制度——この未分化な変態的な制度は、建築家の職分意識の成熟をさまたげた

日本の建築家の職分意識を希薄にし、日本の特殊な現実をかたちづくったことの直接的な要因の一つとして、日本の特殊な建築教育制度を考えないわけにはいかない。

現在日本では、年々数千の学生が、いくつかの大学建築科を卒業して社会に巣立ってゆく。驚くべき数のように見えるが、しかし、おそらくそのうちのごくわずかが建築家へのコースを歩んでゆくに過ぎない。たとえば東京大学建築学科の卒業生の内訳は、大略、大学教職員一〇%、官庁職員（地方官庁を含む）三〇%、会社営繕五%、建築業（材料業を含む）四〇%、残りの一五%が建築事務所ということになる。大学教職員・官庁・会社営繕などのうち設計に従事するものを含めてみても全卒業生の二五%―三〇%が設計関係のコースを歩んでいるにすぎない。このように日本の大学の建築教育制度は、建築に関係するあらゆる人を教育するところであって、専念、建築家を養成するところではないのである。私の見聞する範囲では、欧米はもとより、南米・メキシコなどの建築教育において、日本のように未分化な制度をもっているところを知らない。

世界的に見て、建築の教育機関としては、美術大学系のものと、工科大学系のものとがある。工科大学系に属するものは、数からいっても前者よりはるかに多く、一般的には、この方式のものがよいとされている。しかし、欧米やブラジル、メキシコなどにおいても、建築科は、少なくとも建設技術科からは独立しており、その学科修業年限においても、技術科に比べて、少なくとも一ヵ年、多いところでは二年―二・五年、長いことが要求されている。ハーバード大学のごときは、大学の過程には建築科はなく、大学院の過程にはいって、はじめて建築科が存在しているのである。さらに注目すべきことは、建築科は、スクール－オブ－アーキテクチュアとして工学部から独立した建築学部をつくっているところが多いことである。建設技術学科の卒業生は他の機械、また電気などと同じく工学士の称号が与えられ、建築系は、建築学士の称号が与えられるところがまた多いのである。このように、建築教育制度は、十分に分化しており、また後進国においてもこの分化独立のために闘争が続けられてきたのである。そうしてそのような闘争には、社会で実務にたずさわっている建築家層またはその組織が協力的に参加し、その運動の促進に寄与しているのである。

そのような建築学部の教授陣は、原則的には建築家であって、またその教授建築家と事務所建築家との交流交替は、しばしば行なわれている。

むしろ建築家としての彼の業績が、彼の教授としての資格であって、日本のように、研究業績や博士号が教授の資格であるのではない。であるから学者は、専門家として部分的に教授陣に加わるか、あるいは、工学系の他学科——建設技術科を含む——からさらに文学系、経済系からも兼任教授または講師として迎えられるにすぎない。建築家の教授であるためには、まずすぐれた建築家であることが必須な条件となっているといってよい。

このように建築学部はあくまで、建築家を養成するところであって、日本のように研究者・技術者・企業内技術者・行政官を養成するところではないのである。日本の未分化な建築教育制度は建築が総合であるという意味において積極性があると考えることができるかもしれないが、日本の新教育制度における二年あるいは二・五年の専門過程ではいずれも中途半端となってしまうであろう。

欧米における建築学部は、建築家を志す人びとの教育修練の場である。そこでは、学生のあいだに、すでに、建築家であることの意識が養成される。

建築教育の分化は一方に弊害をもっている。それは建築そのものがこれらの分化したものの総合であるというところからくるものである。しかしこのことは未分化をそのまま是認する理由とはならない。分化があってはじめて総合があるのである。

日本のように、たまたま幸運とある程度の才能にめぐまれたものが、建築家へのコースを歩み、大部分のものは、いざとなれば、官庁や請負に逃げこむことができるようなところでの学生の意識は、建築家として十分に成熟しないのは当然であるといわねばならない。

このような日本の建築教育制度が、建築家の職分意識を希薄にし、社会的役割と立場を曖昧にしてきた非常に大きな要因をなしているのである。

日本の建築家の組織――
日本建築学会の建築界における効用と限界――
それの建築家組織にあたえた悪影響
日本設計監理協会のゆがめられた苦難の生いたち――
日本の畸型的な建築士法――日本の建築運動の観念性

日本の建築に関係する組織のなかで、もっとも固い地盤をもち、権威と勢力をもっている団体は、すでに七〇周年を重ねた日本建築学会であろう。これは建築に関するあらゆる人たち、学者・研究者・官庁行政官と、技術者・請負業者と技術者・材料業者、そうして、独立の建築家をふくんだ包括的な組織であって、約一万五千の会員をもっている。そのうち、独立建築家――その事務所で働いている人を含めて――の数は一〇％にすぎない。かりに、官庁営繕の設計技術者・大学関係・会社営繕などで設計に従事しているものを加えても二〇％程度である。だから、あたりまえのことであるが、これは決して建築家の集団ではない。

しかし、このように多方面の人たちが、一つの組織に結集しているということは、おそらく世界にもその類をみない特異なことなのであり、それだけに大きな積極性をもっていることも否定できないのである。建築がこれらのあらゆる面の総合のうえになりたつ以上、それらを広く横にむすんだこの学会組織は、各分野の連絡協議機関として、機能を果たしてきたし、また成果をあげてきたのである。これが、学会を社会的な権威として育てあげた大きな理由となっているだろう。

しかし一面、そこには、欠陥をもっている。その一つは、各分野の人たちが、それぞれ各自の任務と立場の自覚を、曖昧なものにしてしまったということである。建築家についていえば、建築家の職分意識を成熟させることの障害になったといえるのである。それぞれの分野が、各自の任務と立場を十分に自覚したときに、学会は建築に関係する各分野に連絡協議会として十分に機能を発揮することができるのである。

もう一つは、学会のなかには、学閥・官閥などを背景にした権威や勢力が、残されているということが、建築家の職分組織を整えてゆくことの障害ともなったということである。もちろんそれは学会だけのことではなく、広く、社会的な問題であったともいえよう。

戦前、独立建築家層は、これにたいして、日本建築士会を中心として、建築士を国家的に資格づけ、建築家組織を制度化しようと、懸命に努力してきたのであったが、日本の社会的条件はそれを受けいれなかったのである。より直接的にいうならば、学会による学閥・官閥的勢力や業界勢力がそれを拒んだのであった。この戦後、建築士法が再燃した。しかしその立案は、建設省の行政官を中心として進められ、学会の一部の官閥・学閥的勢力に相談がもちこまれ、全く骨抜きになった建築士法が制度化されたのであるが、その立案の仕事からは、独立建築家層は完全にしめ出されていたといってよいのである。それはまた一方、独立建築家層が、その制度のなかに自己の立場を主張するだけの力となるような職分組織をもっていなかったことにもよるのである。

そのような経過によって、現在、約二万五千の一級建築士、さらに約五万の二級建築士が、国家から建築士であることを資格づけられたのである。このように大量の法定建築家群をもつ国は、世界にその例を見ないのである。かりに一級建築士の構成をみれば、それはほとんど学会会員と相似の平行関係をもって、建築に関係するあらゆる分野にひろがっており、それは決して建築家の集団ではないし、少なくとも建設企業の利益からまた国家権力から自由な立場にたつところの建築家の集団でもないのである。

戦前の、日本建築士会は、少なくとも建築家の職分組織の核であった。しかし、それにもかかわらず、その中心的課題であった建築士法の獲得に失敗したのである。それは、この日本の現実と正面からとり組もうとしたものではなく、建築家の職分意識の観念的移植の運動でしかなかったという弱さにも、起因していたのではないだろうか。

この建築士会は、第二次大戦の直前に、自らを、建築設計監理統制組合に変貌させてしまった。その当時の強力な国家権力や、それに直結しようとした請負企業からの圧力と闘うために、やむをえずとった方策であったのであろう。しかし、この変貌のときに、建築家の人格的な職分の組織であることをよして、国家から与えられる業務の分配統制にあずかるところの同業組合に、質的変化をとげていったのである。このときに、建築家としてこの人格的個人の協会であることをよして、経営体を単位とする経営体組合となったのである。

この統制組合は、戦後、日本建築設計監理協会として再出発したのであるが、それは、戦前の日本建築士会の後継者であるよりは、質的にいえば、戦時中の統制組合の継承であるといってよいだろう。それは一五〇人程度の事務所経営体の代表者をもって構成されている。

これらの団体や組織や制度が、建築家——あるいは建築界といった方がよいかもしれない——が社会と対決してきた戦線であった。それを建築家についていうならば、その戦線はまことに弱いほとんど無いにひとしいものであったのである。

ここで日本の建築運動についても、多少触れておきたい。

いま建築家のあいだで、建築家と社会との対決の戦線のことと建築家の創造の問題とが、ようやく二つの問題としてはっきり意識されるようになった。この外部と内部の問題は、外部にたいする働きかけが、内部の創造力を解放する基礎であり、また創造力を解放し、高めてゆくことが、外部の働きかけを、より堅いものにしてゆくという、切ることのできない関係にあることは当然のことであるが、依然として、外部と内部にはそれぞれ分けて考えなければならない問題をふくんでいる。これを混同し、曖昧にしては、問題を現実的にしてゆくことができない。

日本の建築運動の歴史をみると、この問題の所在が明確にとらえられていなかった場合が多いように思われる。日本の建築家はいままで述べてきたような体制のなかで、日々、創造を営んできたのであるが、その実体的な現実にたいして、建築運動はほとんど関与することがなく、またそこに浸透してゆくこともなかった。そうして、そのような現実の場から建築運動が育ったこともなかった。

また一方、建築創造の方法をより豊かにしてゆくというような、日々の創作活動に結びつく動きも、役割も果たさなかった。この建築家の外部世界と内部世界は結びついているものであるが、その結びつきだけが観念的に論じられても、それは、外部の問題、内部の問題、そのいずれの問題をも解決してゆくものではない。ところが、日本の建築運動は、その結びつきを、輸入理論や、あるいは社会科学からの翻訳理論で論じるという、全く現実を捨象したような観念性に終始していたように思われる。日本の建築運動が、建設活動の衰微した時期に盛んであり、建設活動が活発になるにしたがって衰えるということは、このことを示してはいないだろうか。建築運動的傾向の人は、建築創造に日々参加している実体的な建築実践には関心を示さなかったし、一方実務建築家は、逆にそのような運動的傾向の人を敬遠していった。そうして、それは敵対的な対立関係におかれて、それぞれが異なった次元で、協力関係にあるものであるという実感がもたれなかったのである。これは日本の建築運動自身にとって不幸なことであった。

日本の歴史的現実の自覚と克服——職分組織を新たに確立し、創造力を広く解放しよう

日本の建築家をとりまく現実には、このように、日本的特殊性をもった悪条件が欝積しているのである。基本的には、市民社会を経過することがなかったという特殊性、それにからみあって、官庁建築技術陣の勢力、請負企業内の大規模な設計組織、さらにそれの直接的な要因をかたちづくっている建築教育制度の未分化、また日本建築学会的未分化な寄り合い組織と、その学閥・官閥的構成、このような近代以前の問題が、横たわっているのである。

そのような悪条件のなかで、独立の建築家は、苦難の道を歩んできたのである。建築家の職分意識は生育せず、建築家の横の連帯組織も確立しなかったのである。さらに、独立建築家層と官庁建築設計技術者とは、常に敵意をもった対立であって、そこを結ぶ連帯意識などは全く顧みられたこともなかったといってよいのである。また建築運動の観念性は、運動と実践とを結びつけることもなく、かえって、運動的傾向をとる人と、実務家との間には感情的対立さえ生まれており、それが異なった役割をもちながら、相互に協力するものであるというようなことは、全く意識にのぼったことさえなかったといえるであろう。

このような、むしろ近代以前の問題や悪条件が鬱積している日本の建築家の現実のなかに、現代的な問題が重たく重なりあって、ますます問題を複雑にしているといってよい。

現代的な問題というのは、こういうことである。この戦後、一方には資本主義が、戦前にました力をもって登場してきたのである。と同時に、民主的な社会主義的な勢力が、日本の歴史においてはかつて見なかった強さと幅をもって、もりあがっているのである。かつて市民社会を経過することのなかった日本の社会に、このような二つの階級が、実感として存在しはじめたのである。そのあいだにあって、中間層は、その実体を失い、崩壊しつつあることが、また実感されてきたのである。市民意識の観念的代弁者の一人であろうとしていた建築家層、本質的に中間層に属している建築家層は、自らの社会的立場への実体感を失いはじめたのである。

このようなとき、彼が奉仕しようとしている社会とは何であるのか、彼がそこから報いられようとしている社会とは何であるのか、もはや、社会というような漠然とした言葉は、建築家の実感に訴えることができない空虚な言葉になりつつあるのである。「自己は何であり、建築家とは何であるのか」が、再び問題にされ直すことを必要とするような現実が目の前に現われてきたのである。建築家の構造的な変化が、いまにやってくるにちがいないという予感に、むしろ恐怖さえ感じはじめたのである。日本の建築家の前に、近代以前の問題と、まさに現代の問題が、同時に重なり、からみあって、現われているのである。

しかし、このような問題をのりこえてゆくためには、今こそ、建築家の職分組織——建築家の実体的な組織——がかためられ、すべての建築家を横に広く連帯してゆくことを必要としているのではないだろうか。

国際的に見るときにも、この戦後ＵＩＡが、世界の——資本主義圏と社会主義圏をも含んで——建築家の職分組織を横に広くつなげようとして組織化されたことも、このことを物語ってはいないだろうか。それと同時にＵＩＡが、それに参加する国々の職分組織は、それぞれの国における特殊な現実に立脚したものでなければならないといっていることも、世界の現実を示してはいないだろうか。

日本にも、新しく建築家の職分の組織を確立しようとする動きが見えてきたのである。しかし、それは、ＡＩＡやＲＩＢＡの直訳的な移植であることはできないであろう。また、日本の建築設計監理協会が、現在、求められている建築家の職分組織の母体となりうるか否かもはなはだ疑わしい。それは戦争準備の段階で軍部から仕事の分け前にあずかるために生まれ戦時中は設計監理統制組合とよばれ、その会員は数十名にすぎない独占的な組織であった。戦後、占領軍の仕事の分け前にあずかるために、それが設計監理協会と改名された。このような、監理協会自体の歴史的過程を反省する必要があるだろう。私は、この設計監理協会が、今そのまま再び改名されて、日本建築家協会ＪＡＡという名で発足しようとしていることに対して、賛成ではなかった。できることなら、古い残渣をのこす設計監理協会を解散させ、新しい組織として日本建築家協会を発足させるのがよいと主張してきた。しかし設計監理協会の組織をそのまま利用し、漸次それを内部から改造してゆくことが現実的であるという意見が多く、私がこの文章を書いているうちに、古い組織の単なる改名というかたちで日本建築家協会は発足してしまった。ともかくも、いま日本の建築家の職分組織に求められているものは、すでに述べてきたような日本の現実を正視し、それに立脚したものでなければならないであろう。そうした現実に立脚するということは、日本の現状をそのまま維持するという方向にではない。日本の現実のなかにある問題に、解決の方向を与えてゆくための場でありうるものでなければならないということである。いますぐに解決されるような問題はおそらく一つもないであろう。しかし、この職分組織は、そこで、問題の解決がすべての建築家の関心となり、討議され、実践に移すための力がしだいに獲得されてゆく、というような、現実克服へ向かう、建築家層の連帯意識が成熟してゆくような場でなければならない。

そこは、独立建築家層も、あるいはその事務所で建築家として働いている人たちも、あるいは大学に職をもつ建築家層もおそらく新しいタイプの官庁の設計技術者層もこれに加わるべきだと思うが、ともに連帯してゆくような場でなければならない。

そのような連帯の立場において、建築家の生活を守ることでなくてはならないのであって、今までのように、個人的交渉によってただ単に設計料を獲得すればよいというようなことではないのである。

建築家が外部にたいして、その立場を確実にしてゆくことは建築家の内部の創造力を解放してゆくことなのである。また建築家は創造力を高め、深めることによって、外部に奉仕するのである。

その相互貢献のことを考えないで、ただ一方的に建築家の生活権だけをたたかい取ろうとするようなことはむしろ、現実的ではないのである。

この職分組織の問題が、現在、広い建築家層のあいだで、またジャーナリズムを通して、真剣に討議されはじめたことはこの問題の重要性をものがたっているのである。

職分組織の確立ということが、建築家の外部の問題をふまえながら、建築家の内部の問題につながるのと逆に、建築運動が、建築の内部的な問題をひっさげながら、建築の実体的な外部にたいする活動に浸透してゆくようなかたちで、相互に協力しあうことが——当然あるときには矛盾や対立を含むであろうが——必要であるだろう。いまはまた、そのような新しい建築運動——新しい建築思想とその方法の発展——を必要とする時期でもあるのではないだろうか。

（一九五六年一〇月）

2 民衆と建築

建築創造の水準で考える場合、建築家として民衆をどう理解するかという問題にたいして、民衆に密着することの必要が一般によく言われる。当然のことである。しかし、民衆と密着し、建築家も民衆の一人であると自覚したとしても、そこからは建築家としてのなんらの理解も生まれてはこない。建築家はむしろ外に立って民衆と建築とのかかわりあいの現実、その問題点、その矛盾を認識しなければならない。さらにそれを克服してゆく方向に、空間的、形象的方法概念を提示しながら、建築と民衆との新しい関係をうち立ててゆかねばならない、ということのほうが大切なことである。

しかし、建築と民衆とのかかわりあいは、どちらかが他を規定するといった単純なものではない。双方が作用・反作用というからみあいをしている。かりに具体的な例をあげてみよう。鉄筋コンクリートのアパートについて考えてみよう。鉄筋コンクリートという構造上の技術は、世界的にみても、鉄とセメントの生産力がある水準に達したときに、現われてきたものである。ところがその普及の過程を考えると、日本の場合についていえば、日本の経済的、社会的条件から切りはなしては考えられない。鉄の生産、セメントの生産をどの方面に使うことが、資本にとってより有利であるか、といった条件のもとで、あるときには軍備に回されたり、造船に回されたり、そうして建築に回ってくることもある。これらが建築にふり向けられた場合を考えてみると、景気の安全弁としてであることが多かった。

ところが、建築のほうでそのような生産物をうけいれることができなければ、鉄もセメントも建築には回ってこない。鉄筋コンクリートの構造技術が一応ととのっており、都市の不燃化とか、高層化とかの傾向があって、はじめて、鉄とセメントも建築に回ってくる。しかし、造船ブームで鉄が値上がりすると、鉄筋をどう節約するか、とか、コンクリートがトーチカの建設に回されるとセメント代用上の研究などが飛び出してくる。

そういうふうにして、紆余曲折《うよきょくせつ》を経て、鉄筋コンクリートのアパートもしだいに建設されるようになる。

一方鉄筋コンクリートのアパートという居住形式は、民衆の生活形式のなかにそれをうけいれるものがないとすれば、なかなかはいってはこられない。たとえば日本の農村の生活形式や生活水準は、そのような鉄筋コンクリートのアパートという集団的生活形式をうけいれるに困難である。しかし都市において、単一家族の新しい家族形態と生活形式への傾向がみえはじめると、コンクリートのアパートが多く建設されるようになる。

ところが逆に、そうして鉄筋コンクリートのアパートが一般化してゆくと、それはまた民衆の生活形式や生活感情をしだいに変化させてゆく。

これは一つの例のまたその一面にしか触れてはいないが、このように、建築も民衆もともに歴史的規定をうけており、しかも相互に複雑にからみあいながら、動いているということがわかる。まず、建築と民衆とのかかわりあいは、このような歴史の動きのなかでとらえられる必要がある。

この民衆―建築―民衆という環は、決して再び同じ水平面上には帰ってこない歴史的な環をなしているともいえる。「新建築」一九五五年一月号誌上で、私が、「建築家は環のなかにはいった体験者であり、同時に、自らの責任において、環の外に立った創造者でなければならない。似而非《えせ》現実主義者たちがいうように、建築家は自己をすてて現実に密着しなければならない、という立場からだけではなんらの創造もありえない。建築家は同時に、自己の責任において、外から現実に――この環に――衝撃を与える創造者でなければならない」と言ったのも、このような意味であった。

そうすることによって、建築家と民衆は、発展的にむすびつくことができるのである。民衆の歴史的な創造過程に、建築家として参加することができるのである。

しかしこの環は自動的に動いているものではない。しばしば歴史的必然性とよばれ、また民衆もその必然性によって導かれている、というようなことが言われる。しかしよく見るとそれは民衆が権力の側からおしつけられた条件に順応していることを、そのような必然性と思い違いをしていることが多いのである。素朴な唯物論の人たちとか、客観主義の立場にたっている人たち、または似而非現実主義者たちが、しばしばおちいる誤りである。そうして民衆はそれに抵抗し、その目の前の現実を克服しようとしている、ということが忘れられがちである。

似而非現実主義者は、民衆に密着しなければならない、と主張しているが、多くの場合、かえって民衆のエネルギー――現実を克服しようとするポテンシャル――をくみ取ることができないでいる。

建築家は、ただ単に密着するだけでなく、民衆のポテンシャル、民衆の希望に応えて、建築家としての専門の知識と技術と創造力をもってイメージを打ちだしてゆくことが必要なのである。

こういってみたところで、まだ決してはじめに問われた問題は、具体的に明らかになっていない。問題は依然として残っている。建築家として、とはどういうことなのか、民衆の歴史的創造過程に参加するという、その参加の仕方はどのようなものであるか、ということである。

ここで、建築家――簡単にいって設計を役割としている人と考えてよい――と、建築研究者――ここではとくに調査などを主としている人たち――を念頭に置いて考えながら、話をすすめてみたい。

まず現実社会のなかで民衆がどのように生きており、また動いているかということの認識は、この二つの立場の人たちにどう映しだされてゆくかということについて考えたい。建築家は彼の設計――またその実現をもふくめて――を行なうことによって、彼の現実認識をかたちづくってゆく。研究者は調査活動などによって、それを確かめてゆくものである。その双方からのコミュニケーションは必要であるが、しかし、おのずからその任務と方法は異なったものである。

私は、調査を非常に大事なことだと考えているので、その役割と方法について、もっときびしい観点をもちたいと思っている。たとえば住い方調査ということが行なわれている。その価値を否定しているのではないが、私はそれについていくつかの疑問をもっている。まず素朴な疑問からはじめてみたい。

そのような調査で、民衆の生活の現状はこうであるということはスタティックに観察されるが、どういう方向に動いているか、というダイナミックな展望をうるということは、きわめて困難である。しかし、しばしばおちいるあやまちは、このスタティックな観察を、一つの方向づけとしてうけとるということである。あるいは、また、現在、私はそれが好きである、ということと、こういうものを求めている、ということが混同されている。それらは調査方法の欠陥、しばしばそれは不可避な欠陥であるのかもしれないが、またその調査結果が、十分な歴史的規定を経ないで、なまのまま肯定的にうけとられる場合にもおこるし、あるいは調査結果が、歴史的社会的な矛盾として提示されないで、その矛盾が主観的に脚色されて提示される場合にもおこるものである。さらに一方その結果を実際の設計の方法に結びつけるときの建築家のうけとり方の誤りである場合もきわめて多いといえるだろう。

では、動いている、とか、求めている、という現実を発展的にとらえるということはどうすればできるのだろうか。かりに調査項目に、あなたは「何」を求めているか、とあげたとしても、民衆はその「何」を知らないのである。そこでその「何」のイメージを建築的にあらかじめ提示して、それが求めているものに近いのか、あるいは遠いのか、を問わなければならないはずである。ところが、その「何」について多くの場合、建築家はイメージを与えないでいる。たとえば、飢えているという状況がかりに明らかになったとする。そこでパンを与えたとすれば、飢えた人はそのパンをむさぼり食うであろう。ところがその事実だけから、彼はパンを求めているということはできない。彼はより米を求めているかもしれない。

そうして今、建築家にとっての問題は、単に食物とか住居といった抽象的なものではなく、パンか米かという具体的なものを明らかにしなければならないということなのである。どんな住居でもよい、ただ員数だけ建てて与えればよい、と考える人がいてもすこしも不思議はない。しかし、建築家にとっては、どんな住居か、ということが問題なのである。しかもその、どんな住居か、ということを民衆はあらかじめは知らない、という事実をここで強く留意しておく必要がある。

民衆は、自分たちの住んでいる住居や都市環境について、それに満足はしていない。なんとか、よりよいものにならないものかと考えている。この現実をなんとか克服してゆきたいとねがっている。しかし民衆はその「なんとか」をあらかじめ知ってはいない。欲求、あるいはポテンシャルなエネルギーといってよいだろうが、それはもっている。しかし具体的にどうすればよいのか、というイメージを、あらかじめはもっていない。そこに、はじめにいったように、調査のむずかしさと、限界がある。

突拍子もない例になるかもしれないが、いまでは、民衆は地球が動いていることを知っている。しかしそれにはニュートンなどの自然認識が必要であったのである。彼の物理的世界像は、彼の構想力によって描かれたものであるが、そうしたイメージなしに、民衆は、地球が動いているということすらあらかじめは知らなかったのである。

しかし彼の描いた自然像は、歴史的検証を経てしだいに具体的にされ、また改められてゆく、アインシュタインの構想力がそれを改めてゆくのである。

別の例のほうがもっとわかりやすいだろう。いまでは民衆は、社会主義社会というものについての実感、あるいは具体的イメージを、多少とももっている。そうしてこれが自分たちの求めている社会であるということも知るようになった。もちろんこれは、歴史的に必然的なことであったといえるだろうが、しかし民衆が自動的にそうなってきたのだと考えることはできない。マルクスやエンゲルスが、それのイメージをうちたてたということがなければならないのである。もちろんマルクスやエンゲルスも、歴史的規定をうけた存在であって彼らが古代ギリシアの時代にこうした認識をうち出すなどということは考えられもしないことである。彼らは過去の社会科学、哲学、経済学の認識方法をうけついで、またヘーゲルの弁証法を逆転させ、初期の空想的社会主義を否定しながら、しかもそれらの方法をうけついで、彼の現実認識を体系づけ社会主義社会への移行の社会科学的イメージをうちたてたのである。彼の認識は、現実の調査結果を直接的に示したものではなく、そこに矛盾を見いだし、その矛盾のなかにかくされた民衆のエネルギーに、具体性と現実性を与えたのである。彼は、民衆のポテンシャルなエネルギーと、彼の社会科学的方法――それには民衆の知恵も参加するが――このエネルギーと方法との統一として、社会主義社会への移行の具体的イメージを構想することができたのだ、といえよう。

だがしかし、彼の構想したイメージも、それがいかに科学的認識にもとづいているものであるにしても、大なり小なり仮説的な意味あいをもっている。その正しさと誤りは実践によって、歴史的に検証してゆかなければならない。レーニンやさらに多くの人たちは、そのイメージをさらに細部にわたって具体化しながら、それを民衆とともに実践に移していったのである。そうした検証によって、マルクスのえがいたイメージの正しさが、歴史的に立証されるとともに、その不確かな点も、明らかにされつつあるのである。このようにして、マルクスの構想力が歴史の創造過程に参加してゆくのである。建築でいえば、ルーコルビュジエの構想力が現代建築の歴史的な創造過程に参加してゆくのであるが、しかし、こうした構想力は、単に以上の例のように天才的な人格をかりて現われるばかりでなく、こうした構想力は民衆のなかから育てられてゆくことも、見落とすわけにはゆかない。

たとえば日本の民家——日本ばかりではないだろうが——のなかには、そのようなものが感じられる。民衆のポテンシャルなエネルギーが、生活の知恵によって、しだいに歴史的に一つのイメージを創造してゆくのである。むしろ天才というのも、このような民衆の歴史的な創造過程に、輝かしい先駆として現われてくるものだとみたほうが、正しいだろう。

このことについて、もう少し具体的に触れてみたいと思う。民衆をとらえるということは研究者の調査によってもなかなかむずかしいことであって、そこには限界があるが、では、建築家は日々の設計活動を通じて、どのような認識をしているのだろうか。建築家たちは、日々さまざまな設計をし、それを建設し、そこで建築家はいろいろな体験をする。たとえば民衆は畳が好きだとか、あるいは否定しようとしているとか、リビング-キッチンに抵抗しているとか、いや、それにしだいに順応してゆきつつあるとか、また民衆はガラスの建築に不安感をいだいているとか、いや、好んでいるとか、まことにさまざまである。

建築家個々の設計の実践を通して得られる、これらさまざまの体験を、普遍性のある認識に高めてゆくことには、またきわめて困難がひそんでいる。

その一つは、ここで建築家が民衆に提示するところの実験装置——いかなる建築といえども、その建築に対するなんらかの民衆の反応が期待されるかぎり、実験装置といいうる——がきわめて恣《し》意《い》的であって、一貫した方法的体系をもっていない場合が多いということからきている。その場合、反応は現象としてとらえられるが、そこにおこる反応の検証を普遍性にたかめてゆくことはできないからである。このことは調査の場合にも、その調査が、方法的体系をそなえていない場合にはおこることである。

ここで断わっておかねばならないことは、実験装置などというと、いかにも民衆を実験台としているというふうに誤解されそうであるが、もっと広い意味で、歴史の検証のなかでは個々の建築は大なり小なり実験装置的意味をもっている。逆にいえば、歴史の検証は民衆が行なうものだからである、ともいえよう。

もう一つは、民衆というものの現象面に現われた姿が、きわめて多様であり、偶然的であるということからくる困難さである。そこには一貫した行動様式や好みといったものがないので、一つの建築にたいしても、その反応は、個人差によって、まちまちである。それは建築にたいする好みといった審美的な領域においてばかりでなく、便・不便といった機能的領域についても言いうるのである。ある人にとって便利な建物は、他の人にとって便利であるとは限らない。これは立場の異なる人びとのあいだでは――たとえば主人と主婦、所有者と使用者等――その差異はきわめて判然として、全く逆の反応を示すことになる場合が多いのである。

この不確定な反応から、いかにして普遍性のある判断をうるかということは、そうたやすいことではない。大数的に観察する調査の場合、その平均値やモードは、その現状の一半を示しはするだろうが、それからは将来に向かって発展的にみる見方をうることはできない。

これら二面の困難さのために、建築家の設計活動からでてくる体験は――調査の場合と違った意味で――十分に普遍性のある、また発展的な認識を生み出すことを困難にしているのである。

ではどういう場合に、建築家は設計活動を通じて、現実を認識し、民衆に接近しうるのであろうか。ここで私のささやかな体験を申しあげることを許していただきたい。

それは広島でのことである。私たちの設計した平和会館①-①②は、中央の建物はピロティにささえられており、両翼の建物はコロネードにとりかこまれて、中央の広場につながっている。これらの建築は、広島の市民にとっては、おそらく見なれない不思議なものとしてうけとられていたにちがいない。

私は原爆一〇周年の八月六日、ここで開かれた世界平和大会の情景をみる機会にめぐまれた。その時ここの広場には約五万人あまりの人たちが、全国からさらに国外からも参加した。この大会の核になる部分は西翼にある大集会場で継続され、なかの模様がラウドスピーカーで外にいる五万の人たちに伝えられた。このときのことであるが、ここのピロティやコロネードが、リアリティをもって生き生きとしているのを私は感じることができた。このピロティやコロネードが、そこの五万の人たちに力強く働きかけているという実感が、はじめてできたといえる。それは私だけにではなく、おそらくそこに参加した人たちの実感であったろうと思われた。大会議場にあてられた公会堂のある西翼の建物の一部にあるホテルの部分が、ここの広場に面している。私たちは、ホテルの玄関が広場に面すべきではなく、オーディトリアムの玄関こそそれに面しているべきであると考えていたが、不幸にして、この公会堂の建設と設計は、土地の資本家とそれに使われている建築家の手で自由にされてしまい、オーディトリアムが広場に背を向け、ホテルが広場に面するようになってしまったのである。このホテルは、当時としては中国地方では第一級のホテルであった。その玄関先をとり囲んでいるコロネードは、この大会に集結した人びとで一杯になってしまう。すると、ときどきホテルのボーイがでてきて人払いをしている、といった情景であった。このとき、ここにそのようなホテルがあるということは、そこに参加した人たちにとっては、いかにも典型的に対立的なものとして映し出された。これはきわめて特殊な引例であるが、このようなピロティという実験装置——それは単なる柱といった技術的概念ではなく、それ以上のものである。つまり人間の群がり、その流動と、建築内部空間とのあいだにおこる矛盾の関係を解決しようとして創造された一つの方法的体系をもったイメージであるが——にたいして民衆は日常性のなかでは不慣れとか、奇異といった反応しか示さないが、この日のように五万人にあまる人間の群がりと、建築とが対決するという、もっとも典型的な情況のもとでは、リアルな実感をもって、その存在の意味を民衆は体験するのである。

設計された建築が、一貫した方法体系をもっているとき、かつ、その体系の意義が、もっとも典型的にあらわれるような情況のもとで、その建築と民衆とが接し合うとき、そういうときにはじめて、建築家は民衆に接近しうるものである、ということを、このささやかな私の体験によって語りたかったのである。

逆に、丸の内街のようなものが、実験装置として、どういうように働くかということを考えると、このことが、さらにはっきりとしてくるだろう。ここでは自動車の混乱、人間の雑踏は限界にきており、この収拾のつかない情景は、現代都市がもっている矛盾を典型的に示している。しかし、民衆はどうすればこの矛盾を克服しうるかというイメージを自らはもっていない。そこに建ち並ぶ丸ビルのようなビルをみても、それをどうすれば、よりよくなるのかというイメージをもっていない。だから、丸ビルにたいして、こういう建築形態のために、都心の混乱がひきおこされているとは感じない。だから、丸ビルを批難もしない。この混乱には、耐えきれないいらだたしさを感じてはいるが、それにたいする突破口を見いだすことができなくて、窒息感として内攻してゆくばかりである。しかし一方では建築家たちは、せっせと、丸ビルのような建物で都心を埋めつくしてゆく。都心はますます混乱してゆく。そうして建築家たちはうそぶく、民衆はこうした建築形態を決して批難はしていないではないか、と。

問題を観察する場合、その問題を解決し、あるいは明確にするような方法をなんらもっていない実験装置によっては、なんらの反応も現われないのである。丸ビル式の実験装置では、民衆の無頓着さといった実験の検証しか得られないのである。住宅やアパートの設計の場合、型とか、標準設計とか、また典型というようなものを、私は重視している。しかしまた、その型を一つの完成された形式として固定的に考えようとする危険な傾向を指摘したいと思う。

私はむしろ、そのようなものを、私のいう実験装置——くりかえしていえば、これを歴史的な創造過程のなかで、考えていただきたいのであるが——として、高く評価したい。だから標準設計による個々の具体例が重要なものではなく、それを貫いている方法的体系が重要なのである。それが方法的体系をもたない限り、いかに個々の設計例を民衆にぶっつけてみても、そこから得られる検証は不確定であることをまぬがれないのである。かりに、そこからいくつかの検証例を引き出したとしても、それは方法をさらに高め、また豊かにしてゆくという体系的な蓄積にはなりえない。その方法的体系は、民衆の生活と建築の空間とのかかわりあいにおける矛盾、あるいは問題点をとりだして——その矛盾のなかには、かならず、それを克服しようとする民衆のエネルギーが潜在しているものであるが——それになんらかの建築的解決を与えるところのイメージを含んでいなければならないのである。そうでない限りその方法的体系が示すイメージ——私のいう実験装置——は民衆のポテンシャルなエネルギーをよびさますことができない。民衆のポテンシャルなエネルギーは眠ったまま、そこになんらの反応をも示さないだろう。民衆は自らのうちに鬱積しているエネルギーの、突破口になるようなものに出会うときに、はじめてそこにリアリティを実感するのである。

創造において、姿勢と方法は切りはなすことはできない。姿勢だけで創造が行なわれることはありえない。方法的なものに媒介されてはじめて実現されるものである。ここで方法的なものといっているのは、技術的なものと、社会的なものをともに含んだ科学的概念ではあるが、それが空間的、形象的ヴィジョンともなっているものである。

創造の姿勢は現実の認識から生まれてくるものであるといった。現実認識において、そこに矛盾をつきとめ——この矛盾には必ず民衆のエネルギーがポテンシャルとしてかくされているものである——それを克服しようとする場合、彼の姿勢は積極的となり建設的となり、そうして前進的となり、そうして民衆のエネルギーに応えることのできるような健康な表現をその作品のうちに出すこともできる。逆に、この現実を、不可避な、宿命的なものとするいわゆる客観主義的認識は、現実のなかにある矛盾をとりだすことも、それを克服しようとして潜在している民衆のエネルギーを掘りおこすこともできないで、彼を消極的な、宿命観的な姿勢に追いこんでしまう。このような姿勢によって創造された作品は、健康な表現をもつものではない。

姿勢と方法は、さらに内面的に結びあっている。建設的な姿勢によって探求される方法と、退嬰《たいえい》的な姿勢によって採択される方法には、方法の内容において本質的な開きがあることはいうまでもないことだからである。

このように姿勢と方法とは、切りはなすことができないにもかかわらず、私が、二つを分けて考えようとしているのは、創造を二元論として分解しようとするためではなく、このそれぞれに固有性と本質をもった二つのもの——姿勢と方法の統一——として創造をみているからである。

「日本の建築家が当面していることは、どのようにして創るかという問題ではなく、建築が人民か、支配者か、どちらを向いて仕事をしているかということである」といった論議をしばしば耳にする。その前半において私のいう方法的なものを考えており、後半は私のいう姿勢的なものをさしているのであるが、彼らはここで「姿勢こそ大事であるが、方法は二のつぎである」と言っていることになるのである。このような二者択一におちいることを防ぐためにも、私は姿勢と方法とを分けて考え、その統一としての創造のことを明らかにしたいのである。

このような方法的体系につらぬかれたイメージを、私は別のところで内的リアリティといったことがある。また内部の現実とよんでもよい。そうしてこの内部の現実と外部の現実をぶっつけあうことによって、内部と外部の創造的統一が可能である。それが創造の論理である、などともいったが、それはこういう意味であったのである。

創造とは、この内部の 現実と外部の 現実との統一である。「はじめに空間がある」と「はじめに機能がある」が統一される瞬間である。概念的認識と形象的認識が統一される瞬間である。また、建築家の現実認識は、この内部の現実をもって、外部の現実に接近してゆくことなのである。

空間と形象の次元で組み立てられた方法体系をもって、外部の現実をみる、ということである。このことは自然科学における認識を例にとってみれば、さらに明らかになるだろう。科学者が自然を認識する場合、単なる直観的な認識をこえて、一つの仮説的な意図をもった方法的思考体系を用意して、それを検証するための実験装置をつくり、それによって、自然を観測している。たとえばニュートンの法則という仮説を含んだ思考体系は、自然のマクロな観測の範囲では、その正しさが検証され、またその正しさが検証された法則によって、自然認識は深められてきた。しかし、原子構造を理解しようとするとき、その法則は限界を示さざるをえない。その矛盾を解決するために、新しい仮説、量子論が生まれてくる。このように自然観測から仮説なり法則などと呼ばれる方法的思考体系がつくられ、それが自然認識を発展させるが、どこかで矛盾につきあたると、次の新しい仮説が、その矛盾の止揚として生まれてきて、自然認識をさらに深めてゆく、というふうに、自然科学者には、内部の自然が発展してゆくのである。私たちはとうてい、自然科学者の内部にある自然をイメージすることはできない。それは自然科学者に特有のものであって、私たち普通人の認識とはかなり違った形象をしているのである。科学者はこの内部の自然をもって、外部の自然に肉薄している。

このような関係にとって興味ぶかいボーアの表現をかりてみよう。「われわれは電子、原子核、そのほか原子のなかのものは、なんでもある一定の事情のもとでしか粒子として現われないこと、違った事情のもとでは、ある場における波動として、たとえば光のような電磁波に似た波動として現われることを知っています。そして粒子が現われるか、波動が現われるかは、原子の性質を調べるために、人間が行なう実験に依存するのです。しかしもし人間が何も実験をやらなければ、全く何も——粒子も波動も——現われません。そして、実験の対象にならない原子は何であるかという問いは、今日の物理学では、いわば無益なものとして取り扱われているのです。」——そうして、カール−フリードリッヒ−ワイゼッカーは『原子エネルギーと原子時代』のなかで次のように補足している。「観測者と原子との相互作用は、今日の物理学の分析での基礎概念の一つなのです。何かを知ろうとし、何かを行なうことのできる人間は、物理学が今日行なっているすべての概念構成の前提となっているわけです。人間は今日の物理学では意識をもち、意欲し、思考し、実験し、計画するところの存在として考慮にいれられています。」

このながい引用は、自然科学の領域においても、内部の自然——自然科学的思考体系、あるいは仮説といってもいいし、あるいは実験的イメージといってもよい——があって、それによって、外部の自然にたいする認識を発展させていることを示したかったからである。建築家も同じように、内部に、空間的、形象的な方法的体系をもつことなしには、外部の現実をより発展的に認識してゆくことは不可能である、ということが言えるだろう。

このような方法的体系をたかめてゆくためには、もちろん調査も必要である。しかし結論的に言えば、研究者——主として調査活動を通して現実を認識しようとする場合——の任務は、現実のなかにある矛盾を、とくに建築研究者にとっては、民衆と建築とのかかわりあいにおける矛盾を具体的に、指摘することであり、また指摘するところで彼の任務は終わると考えたい。それ以上に、それに主観的な脚色をほどこすことは、もっとも危険なことである。この矛盾をそのまま建築設計の場に提示することが任務なのである。

また建築家は、その矛盾を研究者から教えられ、設計の場で、それにたいする解決を構想してゆかねばならない。しかしまた建築家は、彼自身の方法をもって矛盾をつきとめてゆくこともできるのである。それは彼が正しい創造を行なうことによって可能なのである。ここで正しい、というのは、矛盾を解決しようとする方向に、彼の建築的方法を結集し、それによって体系づけられたイメージを現実にぶっつけてゆくという創造をくりかえすことによって、彼はさらに深く、よりリアルに、矛盾を明らかにしてゆくことができる、ということである。建築の創造は、建築家にとって現実の認識を意味していると、別のところでいったことがあるが、こういう意味であったのである。

建築家は現実の矛盾——民衆と建築とのかかわりあいにおける矛盾——を解決する具体的なイメージを民衆になげかけることによって、民衆のポテンシャルなエネルギーを具体化し現実化してゆくことができるのである。それを通じて、建築家は民衆と結ばれる。

そのさい、彼は、建築家としての社会的、技術的、計画的、構造的——の方法における素養を最大限に要求される。もちろん彼は一人であることもありうるし、また協同体でもありえよう。さらにもっと広く組織化されたものである場合、より好ましいといえるかもしれない。しかし、それが個人であれ、また組織であれ、もっとも大切な点は、その創造の過程で、構想力の参加が必要であるということである。

すでに別のところでも触れたように、構想力とは、姿勢——現実の認識からでてくる思想であり、世界観である——と、方法——空間的、形象的な仮説体系と言ってもよい——の統一である。このような構想力は、民衆のなかにも現われてくることは、歴史的にみれば言いうるところではあるが、しかし現在という時点で考えるとき、民衆の構想力というものは、ポテンシャルな状態でしかない場合が多いのである。だからこそ、そのポテンシャルに建築的リアリティを付与するという建築家の役割があるのである。

こうみてくると、建築家は、その創造的構想力によって、はじめて、民衆の求めているものを発掘してゆくことができると言いうるのである。あるいは、建築家の創造的構想力が、民衆の創造過程に参画する、と言ってもよいのである。

（一九五六年一〇月）

（本編は「新建築」一九五六年一〇月号、「建築文化」一九五六年一〇月号の掲載文に多少加筆したものである）

II

現代建築と芸術

1　現代の状況

私はこれから、建築とその他一般の芸術の関係というような問題についてお話してみたいと思います。現代は、建築とか絵とか、彫刻とかの芸術の諸部門が分裂の状態にあるように思います。それらがどういう形で総合されうるか、あるいは総合される可能性があるか、ということについて考えてみたいと思います。

まずそういう芸術の総合の問題について考える場合、現在の状態はどうかと申しますと、お互いに協力し合おうとする共通の地盤を見失っていますし、またお互いに話し合う共通な言葉もないというような、かなり深い分裂の状態にある、というふうに私は考えています。

たとえば現代における科学と芸術との分裂、あるいは芸術相互間の分裂ということはかなり深い傷でありまして、進歩的な科学者がずいぶん古くさい絵が好きであったり、非常に近代的な絵を描く画家が古い建築しか理解しなかったり、まことに不思議な現象だと思います。音楽についても同じようなことがいえると思います。大体一般の人は古典音楽が好きで音楽というと古典音楽というくらいに考えられていますが、現代の作曲家はそういう古典音楽を作曲しているわけでは決してなく、新しい音楽の分野を開拓しているわけですが、ある一部の知識人は古典音楽が音楽だというふうにしか考えていない。もっと不思議なことは、いわゆる音楽の専門家の中でも、音楽の演奏家といわれている人たちは、たいてい古典を演奏いたしますが、現代音楽を演奏することはいまでもきわめてまれです。

そういうふうに、芸術相互間の分裂というものはかなり深いと考えていいと思います。もちろん、それぞれの専門分野において深く掘り下げてゆくという方法は現代ではいずれの分野を問わず必要なわけで、それを否定しようとは決して思わないのです。たとえば、自然科学のような分野においては、それぞれの分野の研究を究極まで進めてゆくということなしには、なんらの成果も得られないのであります。それは自然科学というものは、直接人間に接触するというよりも、むしろ技術というものを媒介としまして人間に接触してゆくわけでありますから、それでよいのでありますが、直接人間に接触しなければいけないような分野の文化が、そういう深い専門化、特殊化という道にはいりこみ、それぞれの間にお互いに何の関連もなくなってゆくというようなことは、かなり不幸な状態ではないかと思います。非常にばかげた話になりますけれども、人の役に立たない建築、あるいは人の共感を得ないような建築がその存在理由がないのと同じように、絵にしても、音楽にしても、やはり直接人に感動を与えることを必要としているような芸術では、自分の専門の道にただ深くはいりこむだけで人に共感を呼びさまさないというようなことではいけないのであります。

いまそういう各分野の特殊化と専門化と、そのためにお互いに孤立し合い分裂し合っているという状態は、現代の不幸であります。だから、ここで、そういう状態はどういうふうにして出てきたか、それを総合してゆく道があるかどうか、ということを考えてみたいと思います。歴史的に考えてみる必要があります。

いつの時代でも芸術は、視覚芸術、特に造形芸術におきましては、建築というものの実体の中で統一されていた、ということがいえると思います。例をひくまでもないのでありますけれども、ギリシア時代の文化を考えてみても、そこでは絵画も彫刻も建築という実体の中で総合されていたということがはっきりわかります。ギリシア時代の絵とか彫刻というようなものは古代ギリシア都市のアゴラの中におかれていました。アゴラというのは、ギリシア時代の市民的な広場でありまして、市民の集まりになくてはならない場所で、またギリシアの都市の心臓に当たる場所であったのでありますが、そのアゴラには、市民が集まって話し合ったり、議論し合ったり、あるいはまたささやき合ったりするストアという建物があったのであります。ストアという建物は何かと申しますと、なんの特定の目的もなくてただ屋根があって柱があるというだけの建物であります。そこに市民たちが集まって哲学なども論じられたのですが、そういう場所に絵画も彫刻も、壁画や胸像として置かれていたのであります。またギリシアの神殿に例をとってみましてもその妻に、あるいはまた神殿の中の像として、建築的な環境と一つに溶けあって絵画や彫刻が存在したのであります。そういうことを通じて、絵画、彫刻というものは社会的な働き——ファンクションをもっていたのでありまして、そういう市民の集まる場所に建築、絵画、彫刻がそれぞれに社会的な地盤を確固としてもっていたのであります。

もちろん中世についても同じようなことがいえます。ゴシック時代の教会の積み重ねられている石の一つ一つがすべて彫刻でありますし、さらにまたそこに浮き彫りされたり、あるいは置かれたりする胸像ももちろん彫刻であります。それらは建築の構成の非常に重要な部分になっていました。またステンドグラスというようなものの絵画的な効果が教会の宗教的雰囲気を作り出す重要な要素だったのであります。そういう中世の人間の精神的な中心であった教会、または中世の都市の自由を獲得した市民の象徴であった市役所の前の広場、そういうところにはいつでも絵画や彫刻が建築とともに存在していまして直接に市民と接触していたのであります。こういうような芸術相互間の見事な総合が、また社会の広場の中で行なわれていたという事実を通して、それぞれに社会的ファンクションをもって存在していたということは明らかであります。

しかし、現代について申しますと、私たちの住んでいる大都市の中心、そこに私たちは集まって行くわけでありますけれども、そこには何があるかといえば、ネオンサイン、広告、もの欲しそうなショーウィンドウ、そういうものの色と形の雑音が存在しているだけで、芸術はさっぱりそこに顔を現わしていないのであります。これはもちろん現代の一つの特徴でありますけれども、しかし、こういう現象に対して私はやはり、現代の諸芸術に携わっている人たちの大きな責任が二重の意味であると思うのであります。一つには、そのような音と色の雑音というのは、現代の芸術の一つの影響であり、反映であるという意味で責任があるということであります。もう一つには、芸術家たちがそういう社会の広場から逃避して、閉ざされた自分の密室の中に逃げこんでしまっている、という結果からくるのでありまして、そういう意味において芸術家に責任がある。つまり現代の芸術家はそういう意味で、二重の責任を負わされていると考えるべきだと思います。ですから各芸術部門の分裂ということと、芸術が社会の広場から、めいめい自分の密室の中にはいりこんでしまっているということは、同じ問題の裏表なのでありますが、このことについて、もう一度別の角度から考えてみたいと思います。

近代の芸術というものがどういう形で発展してきたかということについて、私が理解している点を申し上げますと、それについては、現代のような技術時代と申しますか、機械時代と申しますか、高度に科学の発達した時代にあっては、技術と芸術、あるいは科学と芸術というような問題を考える必要があると思います。これを問題にしてまいりますと、当然問題になるのは産業革命であります。その産業革命の結果起こった技術的な発展、その基本になっている社会関係の変化、革命ということが人間の生活環境にどのような変化をきたしたか、またそこに新しく生まれた環境に対して人間がどのような反応を示したか、まずそういうようなことを考えてみたいと思います。

それはやはりいくつかの段階を踏んでいますけれども、便宜上、私は二つの段階にわけて考えるのが適当ではないかと思います。第一の段階、新しい技術の勃興期に、発明とか発見とか、そういう偶然的な賜物の結果として起こってきた技術的な革命の初期の時代には、主として素材としては鉄とか、エネルギーとしては石炭が用いられていた。それがだんだん進歩して、もっと深い科学的な体系に裏づけられて、技術というものが広範な体系をもって一般生活の中にまで浸透してゆくようになります。それを象徴的に申しますと、非鉄金属と電気の時代というふうにもいえると思います。その第一の段階と第二の段階では、そういう新しく生まれてきた環境に対する人間の反応の仕方がかなり違った形をとっています。第一の段階の時代は、そういう技術的な成果が一般的な生活の中まで普遍的に広がってゆくというのではなくて、むしろ新しい資本家的精神の横溢《おういつ》している工業資本家たちが、自分たちの利益のためにそういう技術的な手段を選んでゆくような時代でありまして、それに伴って、工場の煤煙だとか、炭坑の薄暗い風景だとか、当然その時代に発生すべき条件の下に生まれたスラム街の陰惨な風景だとか、そういう環境が生まれてきたのであります。

　そういうすさんだ人間の環境というものに対して、芸術がどういう反応を示したかということを考えてみますと、特にそれを視覚芸術の範囲でとらえてみますと、たとえば印象派から後期印象派の人たちがそれへの反応を一応示したわけです。その反応の仕方はどうだったかと申しますと、まず最初はそういう中から、何か真実を発見しようという動きを見せます。ゴッホにしてもその他の作家たちにしても、鉱山とか、坑夫とか、薄汚れた街だとか、そういうものを好んで描きましたけれども、すぐ、そういうものから離れてしまって、もっと自然の農村の光に満ちた風景に帰ってゆきます。これは要するに、そういう新しく生まれはじめている醜悪な人間環境に対して、それと闘うというよりは逃避という形をとったのだと、私には考えられます。たとえばその当時、ウイリアム－モリスとか、ジョン－ラスキンというような人たちは、新しくおこった産業革命、あるいはフランスの政治的な革命の後に、革命の目標とは思いもつかないような結果ができあがりつつある社会に対して、非常にプリミティヴな社会改良主義的な考えをもち、また、それと同じような考え方を芸術部門にも考えおよぼしまして、要するに機械時代のものはすべて醜い、それはすべて芸術ではなく美しいものではない、やはり、過去の手工の遺産をもう一度見直さなければいけない、機械を否定して過去の手工の技術を継承しなければいけない、それだけが人間が芸術的行為につながる道だ、というようにむしろネガティヴに新しい環境を受け取るのであります。いずれにしましても、この第一の段階では革命的に起こってまいりました人間環境の変化にたいして、それからの逃避、ネガティヴな反応しか示しません。

ところが第二の段階になってきまして、技術というものが非常に普遍的な形で生活の隅々にまでゆき渡るようになってまいりますと、そういっているわけにはゆかなくなります。たとえば、交通機関、汽車ができ自動車ができると、そういうことは否応なしに人間の行動半径を広げますし、新しい速度の感覚を否応なしに人間に植えつけますし、また人間がいままで経験したことのない新しい世界を展開することになります。また印刷や通信機械・電話・ラジオ・テレビジョンの発達につれて、また写真だとか、映画だとか、望遠鏡とか、顕微鏡とか、そういうものは人間がかつて経験したことのない世界を人間の前に見せてくれます。また日常の生活手段における技術の適用というようなことは、生活そのものをだんだん否応なしに変えてゆきます。都市の形について申しましても、交通機関が発達し、あるいは建築技術の進歩によって高い摩天楼の建築が可能になってくるということで、いままで考えもしなかった新しい都市の形態の中で、人間は否応なしに生活しなければばならないことになってまいります。こういう新しい技術の一般生活への浸潤ということにつれて、人間は否応なしにその環境に同化しはじめてゆくわけであります。そういう機械的な現実のほかに何も実在はなくなったのであります。むしろそういう新しく生まれて来た環境にたいして反抗することもそれからのがれることもできない。しかも逆に、その中には、何かいままで味わわなかった新しい快感がある、ということをだんだんみんなが感じはじめるのであります。力だとか、運動だとか、速度だとか、あるいは標準化だとか、その標準の反復だとか、リズムだとか、そういうかつて経験しなかった新しい感覚を知らず知らずに身につけてゆくわけであります。

しかし、一般の人たちはそういう感覚をただ知らず知らずに身につけてゆくだけでありますが、そういう環境の中に新しい秩序が生まれつつあるのであり、新しい美的価値がその中に創造されつつあるということを認識して、それを一般の人に教える役目を果たしたのが、視覚芸術の分野でいうと、キュービズムの人たちであります。ですから、ピカソ、ブラック、レジエ、あるいはルーコルビュジエという人たち、またアルプ、モホリーナギ、ガボ、ペヴスナーも広い意味でキュービズムの作家といっていいでしょうし、イタリアのマリネッティも機械時代の芸術家であるということを否定するものではありません。

こういうような時代に、では建築の方はどうであったかと申しますと、同時代の画家や彫刻家たちが新しく認識し美的価値として創造しようとしたことを、建築家たちはむしろ逆に技術そのものの表現として無意識、といっては語弊がありますが、機能的な形態を創造しはじめたのであります。むしろそこに美的価値をもたせるとかいうことよりは、資本主義的な効用の立場から技術を積極的に利用し、そうすることによって建築の新しい価値を作りはじめたのです。しかし、その結果としてそこから生まれてくる表現の中には、キュービズムの画家たち、彫刻家たちが創造してきたものと同じような共通の言葉、共通の視覚言語が創造されてゆきました。

こういうふうに述べてまいりますと、建築・絵画・彫刻というのは同じ共通の地盤から出発し、同じような共通の表現、共通の視覚言語を見いだしていたのであります。それにしてもどうしていまのように、建築・絵画・彫刻が全くバラバラに存在し、お互いに話し合う共通な地盤もないという状態が発生しているかということは、まことに不思議なことでありまして、その問題を追究するために、もう一度問題をさかのぼって考えたいと思います。

これは別の問題から出発しなければならないのであります。絵画とか彫刻というものがいわゆるタブロー、作品として自分の独立を主張しはじめるということは、歴史的にそう古いことではないように思います。それがごく一般的な形をとって現われますのは、ルネサンスの後期からではないかと思いますが、それは要するに個性の自覚というようなことの上に立って、絵画とか彫刻を、神への、あるいは共同体への従属というようなものから解放してゆこうという、自己確立の運動であったと思います。素材的に申しましても、ちょうどその時代に、画家についていえば、モザイクとか、フレスコとか、そういう建築とともにあるような素材から解放されましてどこからでも容易に求められるカンバスや絵具、どこでも描ける素材が好んで用いられはじめます。彫刻にしましても、要するに建築を組み立てるための石を彫刻するのではなく、むしろ粘土を彫塑するというような技術にだんだん変わってゆく。それからどこででも作れるような全く無性格な普遍的な材料としての石膏で鋳型をとるというような、そういう非常に自由な、自己を主張するのに便利な新しい素材が用いられはじめるのであります。こういうふうにして、絵画とか彫刻が自分の個性の自立性とか、自発性とか、そういうものを主張してゆくと同時に、その素材においても建築的な環境から解放されて、もっと普遍的な、もっと自由な素材による自己主張を行ないはじめます。

そういうふうにして、だんだん、絵画、彫刻という芸術は社会的な実体であることをやめて、しだいにサロンとか、ジャーナリズムを通じて、間接に人間に接触するような傾向に変わってまいりまして、展覧会形式というものが確立されてきます。言いかえれば、芸術は、市民とか、民族とかという具体的な人間関係から解放されて、しだいに抽象化された人間関係のなかに身をおくようになってきたということであります。芸術は、作家と民衆という具体的な対応を断ちきって、作家のいわゆる、無から創造にとってかわったのであります。こうして芸術創造における社会的なものは、個性的なもの、主観的なもの、密室的なものにうつり変わってまいります。当然、創造の方法の密室化、私小説化がはじまります。ここで、私は先ほど、近代芸術というものが、建築、絵画、彫刻と同じ社会的な地盤から生まれながら、お互いに分裂の相貌を呈している。それはおかしいことだ、と申しましたが、そういうことを考え直してみますときに、それぞれの絵画や彫刻における個性化、主観化、もっと極端に申しますと密室化というようなことがその底流にあるということを見いだすのであります。ですから一方の極におきましては、世界的に通用する視覚言語をもつという極端に普遍的な形式と、一方、内容においては究極にまで個性的な一つの極と、その二つの根本的な問題がここに出てくるのであります。もちろんそういう視覚言語を発見する闘いの中で、ピカソとか、レジエ、モンドリアンというような人たちの創造というものは、熱情に満ちた、また冒険に満ちた道であったということがいえるのでありますが、しかしそれが広く一般にゆき渡って普遍化し、形式化してしまって、一つのモダニズムというような流行になり、街の隅々にまでゆき渡ってしまいますと当初の創造的な態度とは全く趣を異にしてしまうのであります。せっかくそういう共通の視覚言語をもちながら、それで何を語ってよいのかだれひとりとして知っておりません。

そういう問題をもう一回整理してみますと、つまり、視覚言語の世界的な普遍性と抽象性ということは、裏がえしてみれば、それが、かえって具体的な人間像を見失っているということのあらわれでありますし、もう一つの極としての、究極的な個性化のためにむしろ究極では自分ひとりしかいないというような、そこでもやはり具体的な人間像を失っているというそういう二つの問題は、一つのことの裏表のことに過ぎないのであるということがいえるのであります。

今度は建築の問題を考えてみたいと思います。建築もやはり同じようなことがいえるのでありまして、近代建築といいますのは、先ほど申しましたように、第一の時期にはやはり素直な発展の形をとりません。一般の建築の形について申しますと、やはり、過去の手工業的なものへの郷愁とか、そういうようなことから、いろいろな昔のスタイルの折衷主義ということが一方では現われてまいりますけれども、しかし当時の新興の資本主義精神にあふれている資本家たちによって新しい技術が採用されたと同じように、その技術のありのままの表現として、新しい建築の形式が採用されはじめたものでありまして、工場建築とか、アメリカで建てられはじめるオフィスビルとかいうものの中には、かなり新しい建築のきざしが見えていますけれども、一般的にはなお非常に古くさい状態を経過するのであります。第二の段階にはいってまいりますと、かなり広く世界的に共通な技術的な地盤に立ちまして、いわゆる国際建築というようなものが唱えられはじめたのであります。それは、技術というものは国際的に普遍的なものであり、どの国においても同じ技術的方法を使う以上、同じ建築ができてしかるべきである、それゆえに建築の形式においても国際的に差があるはずがない、新しい近代建築は国際的でなければならない、というふうな考え方がその当時起こってまいりました。そういうふうにして、建築というものはその当時になって、いわゆる工業的なものと、その裏表の関係にある国際主義というものとの組合せの状態で進行するわけであります。おそらくその当時の建築家たちは、究極には近代建築は世界にただ一つであると考えたのであります。そのように究極にまで普遍化してゆこうという一つの運動の中で、逆に具体的な人間像を見失ってしまっているのが現状であります。そこで考えられている人間というのは、全く生物学的な抽象的人間でしかなかったということがようやく反省されているのであります。また、技術だとか、機械だとか、そういうものがもっている物質的な冷たさ、人間疎外的な冷たさというようなものが反省されるわけであります。全く技術的にとぎすまされたような建築の中でだれが住むのか、それはおそらく資本主義社会における究極の理想像としての人間でしかありえない。そういう人でなければ住めないような建築、そういうようなものに向かって進んで行こうとした建築がはたして正しかったかどうか、というような反省がようやく起こりはじめているのであります。

こういうようにしまして、絵画、彫刻の面において、一方では究極の普遍化のために、また一方では究極の個性化のために、かえって具体的な人間像を見失っているということは、建築においてもやや同じことがいえるのであります。そういうような形を通じて、いままでの建築・絵画・彫刻が全く分裂の相貌を呈したということは、つまるところ、具体的な人間像をみんなが見失っていたということからきていたのであります。

私はこの状態に対して、その反省の一つのモーメントを作り出したものとして、リアリズムの考え方に一つの功績があると思います。もちろん、機械的に、公式論的にとらえられている社会主義リアリストのいまの論議に対して、私たち作家としては、創造の方法論として実りゆたかなものであるとは決して思っていませんけれども、しかしそういう現代の人間喪失の状態を指摘したという意味では、一応の功績があったと考えられるのであります。第一には、一方の極として全く私小説的と申しますか、密室の中に閉じこもっていたという状態に対して、密室の外に人間が存在していたということをはっきり指摘したのであります。もう一つは、具体的に存在している人間は決して世界的に普遍的でも一般的でもなく、むしろかなり特殊なそれぞれの社会の発展段階をもっているということを指摘したのであります。この二つの点に対して暗示を与えたという点で功績があったと思います。

この人間像を失ったことに対する反省に対して、リアリズムの影響はいろいろな形でいろいろなところで展開しはじめます。それを具体的に建築について申しますと、たとえば風土主義とか、新経験主義、あるいは伝統主義とか、簡単にいえば、いろいろそういう主義といってとらえられるような考え方が展開されています。要するに、風土の問題、人間における非合理のこと、つまり、合理的な生活機能としての人間でなく、むしろ生活感情に動かされている人間の非合理性のこと、したがって、伝統ということが問題になりはじめているということ、それが、それぞれの国のそれぞれの社会の発展の段階によって、それぞれちがった問題をもっているということ、そういうようなことが、ようやく自覚されてきたのであります。

このような動きを近代芸術の現実への定着の過程と、私は考えております。ということは、結論的に申しますと、そういう近代芸術は一方においては極端な普遍化、極端な一般化ということから、身をたちなおして、それぞれの社会、それぞれの段階におかれた具体的な民衆に対して奉仕してゆこう、もう一つは作者一人しかそこにはいないという密室の世界から、もう一度社会に道を開こう、そういう二つの道を通して、近代芸術をそれぞれの社会へ定着させようとする運動がはじまっている、と私は考えたいのであります。それを通じてはじめて具体的な人間像をふたたび獲得することができるし、そうすることによって、はじめて諸芸術がもう一度一つのものに総合される可能性をもつものだというふうに考えているのであります。

その動きをすこし具体的な例で説明してみたいと思います。たとえば、アメリカの建築の定着の過程はこういうふうに理解できるかと思います。近代建築がその出発の当初、その背景として描いた社会は、高度に資本主義化し、機械化された社会であったのですが、それが、いま、とくに第二次大戦後のアメリカ社会のなかで、実現されてゆきます。たとえばワルター・グロピウスとか、ミース・ファン・デル・ローエというような人たちが、三〇年前、ヨーロッパの土地で、未来の理想像として描いた夢が、このアメリカの社会では、たやすく実現されてゆきます。ミースが最近シカゴにつくったアパートは、鉄とガラスの全く工業的な、しかも水晶のように冷たく美しく輝いている建築ですが、それはすでに、三〇年前に、彼がヨーロッパで描いた予言的な構想そのままであるといってよいものであります。そのような鉄とガラスによる工業的な性格は、まさにアメリカ的であるといってもよい。むしろそのような表現は――アメリカの一部にも批判はあるとしても――アメリカの新しい伝統となりつつあるといいうると思います。それらは、アメリカ市民に、確固たるリアリティをもってうけとめられているのであります。近代建築がかかげた当初の理想像は、もっとも素直なかたちで、アメリカ社会のうえに定着をなしとげております。

ここでは絵画・彫刻・デザインといった領域にわたるバウハウスの運動の目標も、同じように素直に受けとめられ、定着しつつあります。バウハウスのころ、新しい建築・絵画・彫刻、そうしてデザインの創造に向かって、前衛的な運動が展開され、またそれらが、生活のなかに総合されてゆくべきものとして、古い芸術に闘いを挑んだのであります。その前衛的な闘いの面影は、もうこのアメリカにはなく、まるで日常のことのように、やすやすと、建築・絵画・彫刻・デザインの結合が行なわれております。というよりはむしろ、ここでは、絵画・彫刻・デザインはまるで、建築の壁のテクスチュアとして、あるいは、空間にニュアンスを与えるものとして、いわば、デコラティヴな要素として、これら相互が趣味的に楽天的な結合をはじめております。この状況を、私は近代芸術のアメリカ社会での定着の仕方であると、考えてよいと思っております。

近代建築の意識がはっきり主張され、生まれてきたのはヨーロッパなのであります。その当のヨーロッパにおいてはいまどういう状況であるかと申しますと、そうアメリカのように楽天的にはゆきません。近代建築の初期のころ描いた、近代建築はかくあるべきだ、かく闘うべきだ、かく表現すべきだ、といった主張の背景としての社会は、高度に発達した資本主義社会であります。しかしヨーロッパにはそのような社会がいまだに実現していません。ヨーロッパの中にはもっと別な社会的な底流が強く存在しています。ここには、機械的なものと手工的なもの、そういうものが常にからみ合いながら複雑に存在している。それは社会関係においても同じことがいえるわけで、そういうところではその建築は、要するにアメリカのような形では定着いたしません。もっと人間的なものへ、つまり単純な生活機能としてではなく、むしろ生活感情によって動かされている非合理性をふくんだ人間の建築というような形に、初期近代建築の理想からいえば退歩・停滞といっていいかもしれませんが、そういう道を歩んでいます。要するに建築についていえば、そこでは近代技術的なものと伝統的な手工の遺産というようなものを、どう総合し、どう協力させてゆくか、というような問題をもって、新しい形式を模索しております。

最近よくメキシコの問題が引合いに出されていますが、メキシコはかなり面白い問題を投げかけています。メキシコの建築について申しますと、近代技術の正当な適用が一応行なわれていますけれども、その表現はいかにも技術がもっている表現とはちがった、なにか非合理な表現をとっているのであります。また同じように、メキシコの絵画・彫刻というものも、やはりヨーロッパで発展をとげました近代的な芸術と無縁ではありませんけれども、しかし一面かなり非合理なものをもちはじめている。それらが、建築と協力しあって、壁画になったり浮き彫りになったりして、建築・絵画・彫刻は、お互いに対立しながら、お互いに緊張し合いながら、一応のまとまりをもったものとして現われはじめてきている。それがいわばメキシコでの近代芸術の定着の仕方を示しているものだろうと思いますけれども、そこにはむしろ芸術家の内部の問題よりも、むしろ外部の問題、つまりスペインの植民地的影響から民族を解放しようとする社会改革の意欲が、つまりメキシコ古代への復帰、民族主義的リアリズムへの転向をささえており、それがまた芸術相互間の統一を助けているのではないかと思います。しかし、私は、これらのメキシコ芸術は外部にくらべて、内部がそれに応えるほど成熟していないのではないかと思っております。

(一九五五年)

付記——現在、ここでふれた産業革命の段階でいえば、第三の段階を迎えつつあるといってよいでしょう。

この三つはロストウの経済発展の諸段階でいう先行条件期・成熟期・成熟以後に対応させて考えることができると思います。彼の言葉によれば、この第三の段階は、高度大衆消費の時代であります。

しかし現在は、消費の時代であるばかりではなく、また建設の時代であり、情報の時代であり、そうして組織の時代でもあります。

それはまた巨大都市地域が人間生存の支配的な環境となりつつある時代でもあります。

こうした現実は、建築と諸芸術をまた、うちから変革しつつあります。しかしこれはこの小文の範囲をこえた問題であり稿を改めて論じるべき性質のものといえましょう。

（一九六二年）

2 伝統と創造について

では現在、日本でどうすればよいのか、それらの問題についてここでは一応問題だけを投げかけることにします。

さしあたって、伝統ということが問題になってくると思いますが、伝統というのははたして何か——たとえば、伝統を形成したエネルギーをいうのか、それともすでに形成された文化の遺産をいうのか、あるいは、そういう形成された文化が、その民族の生活感情なりなんなりに相互関係をもちながら、民衆の中に伝承として伝わってゆく、そのことが伝統なのか、その問題がなかなか明確につかめないのであります。それについてごくわかりやすい例を引いて述べてみたいと思います。この前もちょっと話が出たかと思いますけれども、音楽にたとえてみますと、演奏者と、作曲家と、それの聴き手の民衆と、この三つにわけて考えられるわけです。もちろん作曲家は本質的には創造者でありますから、それはそれとしておくことにしまして、それを一般に伝えるのが演奏家であります。それを好んで愛唱したりするのが一般の人であります。たとえば、バッハなら、バッハがある一つの作曲をいたしますと、それを演奏者が弾《ひ》いて一般の人に伝えるのが普通であります。では、現在の演奏家がどういう気持でバッハを弾いているのかというところに問題があると思います。当然現代の演奏家というのは、現代の生活感情をもっているでしょうから、比喩的にいいますと、現代の耳をもって、あるいは現代の手をもって弾いているのであります。しかしその弾いている曲は演奏者の曲ではなくて、あくまでバッハの曲であります。要するに、バッハをいくら演奏者が独自の耳と手でもって弾いたとしましても、それはあくまでバッハのくりかえしであります。そのくりかえしということと伝統ということと、その辺にどうやら問題がありそうな気がするのであります。先回りしていえば、音楽においてそれが継承されてゆく母体は、演奏家のくりかえしにあるのではなく、民衆のなかにあると思います。さらにそれを創造的に継承する媒体としては、次の作曲家がある。つまり、音楽における伝統と創造という歴史的な環は、作曲家―民衆―作曲家という関係で行なわれるものであって、演奏家のくりかえしとは、本質的なかかわりあいもなく行なわれるものだということなのです。

(この場合、もちろん、音楽における特殊性として演奏家なしでは、どうにもならないということはよくわかりますが、他の領域について論理を進める都合で演奏家的な役割を、比喩的に引きあいに出したことを、一応おわびしておく必要があります。)

それについて、私は建築家ですから建築の例で申しますと、最近、日本建築の海外進出ということが盛んにいわれています。たとえば勧学院という書院造りの一つの典型を現代の目で多少修正したのをニューヨークの近代美術館に持って行って、大変な好評を博したといわれております。それはどういうことかといいますと、ちょうどバッハ弾きが現代の耳をもってバッハを弾いていると同じ状態でありまして、創造という立場から考えてみますと、そのようなくりかえしは、いまここで考えようとしている伝統の問題とは、あまりかかわりあいがないように思います。むしろ無意味であるといった方がよいと思います。それでは日本の古い建築がヨーロッパやアメリカで、なぜそういうふうに受け入れられているかということを、建築家以外の方もたくさんいらっしゃいましょうから一応大まかに紹介しておきたいと思います。近代建築というものは、非常に大ざっぱにいって、昔のいわゆるルネサンスのようなデコレーションのいっぱいついた建築を裸にすることだったのであります。ルネサンス、つまり古くからのヨーロッパの建築というのは、大体煉瓦造りとか石造りでありまして、壁を積んでゆく式の建築であります。ですから、その壁にいっぱいデコレーションをつけていたと考えていただいたらいいと思います。そのデコレーションを取ることによって、一体何が残るかといいますと、平らな面が残ったのであります。要するに「豆腐を切ったような家」とよくいわれていた近代建築のごく初期のころは、まだはっきりした自分の方法をもたない段階で、昔の石造りだとか煉瓦造りを単に裸にしてみたような格好を作っていたような状態であります。しかしだんだん自分たちの近代建築、自分たちの方法を発見しはじめてまいりますと、新しい技術、鉄筋コンクリートとか、鉄骨とか、そういうもので実際に家が作られることになったのですから、煉瓦造りとか石造りを裸にしたような格好では本質的に問題が解決しないのでありまして、むしろそれは、石造りとか煉瓦造りのような下から上に積んで行くような建物でなくて、柱を立てて、梁を渡してというふうな、柱と梁で構成されている非常に空間的なストラクチュアであります。ですから、四角い豆腐を切ったような形式というよりは、むしろその柱と梁のストラクチュア自身が基本的に形に出てこなければいけない。つまり、柱とか梁とかが、重力の場で、一つのバランスのある、調和のとれた、視覚的な体系として形に出てこなければいけない。そういうようなことを近代建築家たちは、ヨーロッパ、アメリカ、日本もそうですが、考えはじめたわけであります。

そういう状態になってまいりますと、ヨーロッパやアメリカには石造りや煉瓦造りの古い建築しかないのですが、日本には昔からの古い木造の柱と梁によって空間が構成されているような、非常に空間的な感じの建物があるのであります。それを、この建築こそわれわれの探していたものだと、それを見なおし、日本の古い建築を受け入れはじめたのは、当然といえば当然なのでありまず。たとえば、ブルーノータウトが来て桂離宮にベタ惚れしたのも、グロピウスが来て同じ状態になるのも、そういうことであります。

そういう新しい技術的な方法から生まれた建築の形態がしだいに形式化してまいります。ということは、近代建築の中にも、抽象的な普遍的な視覚言語が出来上がったということであります。いってみれば、現代の目というものが一応出来上がったということであります。そうして、その出来上がった現代の目で日本の建築を見て「それは現代の目にかなっている、なかなかよろしい」といっているわけであります。これがアメリカや一部ヨーロッパの日本熱のいわれであります。それなら一つわれわれも現代の目で日本の古い建築を演奏してごらんにいれようと、外国に持って回っているのが先ほどのアメリカ近代美術館に建った書院造りであります。それはちょうど先ほど申しま

した、現代の耳でバッハを弾いている演奏家の立場とかなり似ている問題をもっているのでありま
す。ちょっと話がそれるかもしれませんが、ついでですからジャポニカースタイルというはなはだ
軽蔑的に使われている言葉がありますが、そのジャポニカースタイルというのはどういうことかを
お話しましょう。すでに形式化された現代の目でものを構成する、その場合に、そのすでに形式化
された目でそれにかなう日本の古い要素を拾いあつめてきまして、それで一つのものを構成しよう
というものを、ジャポニカースタイルと申します。

話が大分わき道にそれましたので、問題をもとにかえしますと、私はこういうことを考えようと
していたのであります。伝統というものは、すでに形成された文化の遺産の中にあるのか、あるい
は形成された文化の遺産が一般の民衆の生活に影響を与え、生活のなかで伝えられてゆくという、
そういう継承にあるのか、それとも、遺産を継承してゆく民衆が創造的なエネルギーをもってお
り、そのエネルギーに伝統の核心があるのか、ということを考えていたのであります。いずれも、
作家の創造的な立場から申しますと、外部に存在しているものでありますが、そういうふうに、伝
統は作家の外部にあるものなのか、それとも内部にあるものなのか、ということがここで問題にな
るのでありまして、そのためにわき道にそれて述べてきたのでありますが、いまここで私の感じと
しては、伝統ということを創造という水準で考えてゆく場合には、伝統というのは作家の内部にあ
るのではないか、そういうふうに考えたいのであります。作家の内部にあるということは、ちょっ
と、どういうふうに説明していいかわからないのでありますが、こういうふうに申したらいいかと

思うのであります。

先ほどからここで述べてきました、いわゆる、伝統を現在の目で見直す、というようなことは、私には、なんらの創造的な意味がないと思うのであります。むしろ私たちは、創作活動を通じてその現代の目を打ち破り、乗り越えて、明日の目を開眼しつつあるわけでありますから、現代の目で外にある伝統を眺めて見たところで仕方がないのでありまして、むしろ外にある伝統が作家の現代の目にショックを与えて、それを明日の目にしてくれるようなものであることを、期待したいのでありますそれをもう少し細かい操作で申しますと、ある一つの歴史的な遺産が、作家のいわゆるすでに形式化しようとしている現代の目にショックを与えまして、現代の目がそれによって、(作家の方法と申した方がいいと思います)作家の方法が、それによって新しい方法に、つまり既成の方法ではどうにもならない状態に追いつめられて、新しい方法にまで作家を変貌させてゆく、逆にまた作家はその新しい方法で、もう一回そのショックを与えた過去の伝統を自分の身の中に消化しまして、結局循環するわけですが、そういう相互作用を通じて作家の内部に再構成されてゆくものと申しますか、そういうものだと思います。たとえばある一人の作家と桂離宮なら桂離宮の対応関係を考えてみたいと思います。桂離宮をその作家のすでに出来上がっている目なり、方法で眺めているだけではどうにもならない、それで満足しているのでは桂というものの文化的な遺産がその作家の創造のモーメントにはならない。むしろこの桂が、その作家がすでにいままで作り上げてきた方法にショックを与えて、それを変革するくらいの力で迫ってこない限りは、その作家にとって創造的な要素ではないと思うのであります。ですから作家の外にある桂離宮ではなく、作家の内部にある桂が創造的に働くのです。それは、作家が自分の内に形成しようとする方法を通して自分の中に再構成して持っている桂なのであります。そのとき作家は伝統を内部にあるリアリティとして感ずるはずであります。だから、作家の中にある桂離宮というものと、外に存在している桂離宮というものとは、おそらくちがったものではないかと思うのであります。おそらくその作家は桂離宮におもむきますと、始終がっかりしているかもしれないのであります。こんなはずではなかったと、しかし、もういちど自分に帰ってみるときに、その作家の中で桂はいつでも大きく成長してゆく、何かそういう対応がその作家と文化遺産の間に行なわれて、伝統というものが創造的なモーメントになってゆくのではないか、そういうふうに自分では考えはじめているのであります。この伝統というものを創造的なモーメントに転換してゆく媒介として作家がおり、しかも作家はその媒介作用を行なうことによって自らも変貌してゆくという環があると思うのです。

伝統と創造とのそういう対応と同じように、今度は民衆と作家との間の対応があるように思いますし、それが裏表の関係になっているような気がするのであります。それは常識的にいえば、伝統のにない手、伝統の歴史的な継承者が、民衆である、という意味からではなく、何かもっと密接な裏表の関係にあるように思えるのであります。

ここらでちょっと話がそれますけれども、ソビエトが建築に関して民衆というものをどういうふうに考えているかという問題をご紹介しておきたいと思うのであります。第一次大戦を前にしたころ近代建築は成長しはじめるわけでありますけれども、その当初のころ、ソビエトはいち早く他のヨーロッパと足並みをそろえて近代建築の出発をするわけなんです。近代建築というのは、新しい時代の技術を全面に押し出したような、この機械化の時代の機械主義を全面に押し出したような建築であるといえるのであります。その旗印を同じようなソビエトもとったわけであります。ところがたちまちのうちに転向いたしまして、そういうものは民衆の敵であるというふうに、全くそれと逆な非常にデコレーションのいっぱいついた建築をはじめるのであります。ソビエトには昔からギリシアとか、ビザンチンとか、そういうものの影響を受けたスラヴ民族、建築形態があります。そういった伝統的な建築形態に民衆はなじんでいるのだし、民衆は、そういうものを求めているのだし、そういう民衆の求めているものを与えなければいけない、というのがその立場であります。しかしそのもとをたどって見ますと、こういうことがいえます。近代建築というのは、要するに新しい機械生産の機構の上で成長させるべき建築なのであります。ところがソビエトの革命のごく初期の段階では、近代的な生産というものがそれほど順調に進まなかった。生産材の生産には向けられても、消費材の生産には、新しい生産方法が振り向けられる余裕のなかった初期の時代には、日常生活用品とか、生活環境というようなものは、すべて機械生産でなく、手工的な生産によっておりまして、そうしたものに取り囲まれていたのが当時の一般民衆の生活なのであります。そのような民衆にとっては、機械時代の理想像として提出された近代建築がそぐわなかったのは、当然といえば当然であります。だから近代建築を民衆的でないといって退けて、昔の全く伝統的な建築に立ちかえったことはあるいは正しかったのかもしれないのであります。

しかし、ソビエトの経済、生産体制もしだいに成長しまして、一般の人たちの日常の生活用品にしろ、あるいは生活環境にしろだんだん機械的な生産によった製品に取り囲まれてゆくような段階になってきますと、当然民衆の生活感情というものも変わってゆかなければならないのであります。しかし、それに対して建築も変わるかというと、なかなか変わらないのであります。たとえば、モスクワの地下鉄は非常に立派であります。いちめんに飾りがついていて、大理石が張りつめてあってすごく豪壮なものであります。また、モスクワ大学の建物は非常に堂々たるもので、立派な石が積み上げられているような格好をしている。その格好だけから見ると、手仕事で石を積み上げていった形とほとんど変わらない、手仕事的な表現をもっていますが、実際はそうではなく、そういうものを機械生産で、たとえばくりからもんもんのような模様の装飾に至るまで大量生産をしているのでありまして、いまのソビエトの建築はそういうふうにその技術的方法では機械生産にたよっているが、その表現は手工的であるという、矛盾をもっているのであります。それは、民衆の生活感情というものを歴史的なある位置に固定して考えているからでありまして、常に変化し、動いているものとしてつかまえていないところに、何か現代のソビエトの建築の矛盾があるのであります。

民衆の生活感情というものは固定したものではなく、いつでも新しく形成されて動いてゆくものでありまして、いつでもそういう生活環境と生活感情というものとは相互作用をしながら転換をしてゆく、また展開をしてゆくべきものなのであります。その点で、今後のソビエト建築がどういうふうに変わってまいりますか、予測の限りではありませんけれども、当然機械化の発達とともにソビエトの建築形態も変わらざるをえないだろうと、私たちは思っているのであります。

そういうふうに、創造者の立場と民衆の立場というものは一方が与えるのでもなければ、あるいは民衆を固定させてそれになれ合うのでもない、作家は民衆にショックを与え、作家はまたそれを通して自分に返って来るなにかを感じなければいけないのでありまして、そういう相互の衝撃作用を通じてのみ創造があると考えなければいけないのであります。

芸術の創造ということは、縦に見れば伝統とのお互いの衝撃作用であり、横に見れば、民衆との相互の衝撃作用を通して、なしとげられてゆくものだと私は考えております。そういうように、伝統と民衆とは非常に深いつながりをもったものであって、いま伝統と創造という一つの対応の働きと、民衆と作家というもう一つの対応とは全く裏表の関係にあると申し上げてよいと思うのであります。芸術を創造的立場で考える場合、話をもとに戻しますと、伝統というものは、いつでも伝統が作家の現代の目を乗りこえてくれるための伝統であると同時に、また作家は伝統をつねに乗りこえてゆかねばならない。しかもただ乗りこえるだけではなくて新しい未曾有のものを創ってゆく、こういうふうにして、創造者―作家の媒介をとおして、伝統の創造的な継承、いわば、伝統の創造ということがある、というふうに考えております。古典を演奏するという単なるくりかえしと、伝統の創造ということとの根本的なちがいがここにあるのです。

これを縦の環と考えれば、横の環として、民衆と創造者との対応があるのです。民衆は伝統の継承者といえます、さらにそれ自身、伝統の形成のエネルギーであります。しかし、そのエネルギーは、作家—創造者を媒介として、創造的に働くのであります。それは、作家と民衆とのなれ合いでも、作家の民衆からの超越でもない。作家が民衆に与えるのでもなく民衆が作家に与えるのでもない。相互の衝撃によって、その媒介が成り立つものなのであります。

この二つの極のなかに、創造の場を見いだしてゆくことによって、作家は、現代の表現における非人間的な抽象性から脱出し、またその方法における人間疎外的な密室から解放されるのではないだろうか、というふうに考えたいのであります。さきに、現代の芸術部門のあいだは深い分裂がある、この不幸は、人間喪失のことから来ているにちがいない、ではどうしたものだろうか、と考えをすすめてきましたが、その途上で、伝統のこと、民衆のことが視界にうかんできました。それらと結びあわさることによって、芸術は再び自らのうちに人間像を発見しうる道がひらかれるのであります。しかし早合点をしていただいては困るのであります。ここで、人間像の典型を描き上げようなどと早まってはいけないと思います。そのようなものは、いまの日本で、やはり一つの現実からの抽象にすぎなくなってしまうでしょう。それではもとのもくあみです。

いま、私たちの状況は、そんななまやさしいものではありません。しかし私たちは、すでに既成の方法——いわゆる現代の目——をもってしては、何ひとつ創造的役割を果たすことができないことを知っております。しかし、また未来の典型は、はるかかなたなのです。私たちは、現代の目をもって趣味的に遊びを遊ぶことにも満足できないし、だからといって、未来像が、自分の手の内にあるかのような楽天的な仕事ぶりにも満足できないでいるのであります。

今は過渡期だと物事の推移に身をまかせることは、さらに私たちにはできないでありましょう。今は、もっとも変革の精神を必要とするとき、もっとも前進的な運動を必要とするときであります。その変革と前進は伝統と民衆と、それに応える作家の創造的精神との相互衝撃から生まれてくると思っております。

私は、このような状況のときに同時代者という横のつながりの役目が、ほんとうに大事だということを感じます。このような時期に、個々に絵画は絵画、彫刻は彫刻、建築は建築という形でばらばらに存在してその前進が成り立ちうるとは考えられないのであります。そこで芸術の総合の問題が非常に大切な問題として出てまいります。

いままでお話してまいりましたことで、大体わかっていただけると思いますけれども、現在私たちの課題としての芸術の総合ということは、ただ単にお互いに形式化された現代の目をもっている者同士がお互いになれ合ってゆく、要するに趣味的な総合ではないということであります。それではなんらの創造的な役割も果たせないということであります。絵画・彫刻・建築、あるいはその他の分野におきましても、お互いに総合されてゆく過程では、常にお互いになれ合いでなく、お互いがお互いのショックであるようなそういう結合関係をもたない限り、それは現代の目の状態に停止しているに過ぎないのでありまして、その総合の創造的な意味を全くなくしてしまうのであります。総合が単なるなれ合いよりも、もっとほんとうの創造的な総合になるためには、それぞれが現代の目を乗り越えて、自分の既成の方法を常に不断に破壊しながら次の新しい方法を見つけ出そうとする前進的な立場を通じてのみ、成り立つのであります。もう一回申しますと、その過程ではおそらく単に趣味的な一致という問題は、ほとんど重要な意味をもたないのであります。この現在の状況のなかに人間像を再発見するという共通の目標に向かった、激しい対立を含んだ闘いを通してのみ、私たちの課題としての総合、真に創造的な総合への道がある、と考えております。

（一九五五年）

3 対立を含んだ芸術の協同

バッファロー－ファイン－アート－アカデミーの一〇〇年祭にあたり、またそのオールブライト－ノックス－アート－ギャラリーの新しいウィングの完成を祝するために催されたこのシンポジウムに参加し、著名な皆さまのまえでお話する機会を得ましたことを、大変に光栄と存じます。このシンポジウムの主題であります「美術集輯における先駆的意味」は、新しい芸術家を探し出し、また激励してきたオールブライト－アート－ノックス－ギャラリーにとって、まことにふさわしいものでありましょう。そうして私の日ごろ尊敬している世界の芸術界における指導者の方々と同じ席から、皆さまにお話することを光栄と存じております。

私は幸か不幸か、建築家でありまして、諸先輩のように、このシンポジウムで適切で深遠な発言ができないことをお断りしておかねばなりません。

私はこの席を借りて建築家の立場からこのテーマにたいして「現代建築において、諸芸術がいかに総合されるだろうか」という側面から、接近してゆきたいと思います。

まずはじめに、私のささやかな経験をお話することを許していただきたいと思います。私は、幾度か彫刻家や画家たちと協力する機会にめぐまれました。広島の平和会館①-①②と公園の場合に、二つの橋の賦形についてイサム・ノグチの協力をあおいだとき、また東京都庁舎①-④⑤の本館で、画家の岡本太郎と協力したとき、また草月会館①-⑨での勅使河原蒼風との協力、香川県庁舎①-⑥⑦の市民ホールの陶板画について猪熊弦一郎の協力を得たとき、またいくつかの機会に篠田桃紅女史の協力をあおいだときなどであります。これらの経験や、これらの協力に際して私がいただいていた考えの大要は、すでに六、七年も前（一九五五年）に一般の人たちに講話をしたことがございます。

（注　本編の1章と2章にその内容を収録）

しかし、ここでは、もう少しそれを具体化し、また発展させてみたいと思っております。

私にとって芸術家との協力の最初の経験は、広島平和公園と平和会館を私が設計したときに、このデルタ状の敷地の両側を流れる川に架ける二つの橋を、イサム・ノグチにお願いして、その形を与えてもらったときでした。――残念なことに橋といっても、その構造的な意味における形はすでに建設省によって決定ずみであって、直接、橋を行く人の目にふれる部分に限られていたのでしたが――。

この二つの橋は、東西からこの平和会館の敷地にはいってくる入口にあたるものでした。「行く」と彼が命名した橋は、日本の古い舟を想い出させる形でした。そうして「創る」とよぶ橋は太陽をかたちどるもののようでありました。彼は広島の悲惨な廃墟から、何か新しい生命が生まれるだろうという希望をもって、この橋の賦形にとりくんだのでしょう。

これは広島の市民、また広く日本の国民のすべての希望でもあり、私たちがこの平和会館という一つのモニュメントを計画した意図でもあったのでした。

東京都庁舎で、玄関をはいったところのホール――私たちは都民ホールと呼んでいますが――、そこに、岡本太郎は、「太陽」と「月」と名づける陶板画を描きました。また一般の吏員の出入り口になる玄関に「建設」を描きました。岡本太郎がこの空間に与えようとしていた意味は、ほぼこの題からおわかりのことと思いますが、それはまた私がいだいている意図でもあったのです。

さらに上記のものとは多少その意味を異にしていますが、建物のピロティをささえている外部から見える四つの壁に、それぞれ青・赤・緑・黄を主体とする陶板画が同じく岡本太郎によって描かれました。

また香川県庁舎では、一階の市民ホールの四面の大きな壁に猪熊弦一郎は、「和」「敬」「清」「寂」という四つの陶板画を描きました。

私は芸術家の作品がこうして社会の広場にしっかりと自分の場所を占める、ということの社会的意義を感じておりました。と同時にそういう場合、これらの作品が、作家の孤高なあるいは自己満足的な感情の表出ではなく、その場所にこめられた市民の希望――言いかえればその空間の社会的意味――と同調するものでなければ、一つの作品が一つの場所に固定されるということの意義がないだろう、とも考えておりました。

そうして、こうした希望――意志とか感情――を、一つの具体的な形として表出するというそのことに、私は彫刻家――あるいは画家――の人格と技能を期待しております。しかしよくあることでありますが、広島の市議会の人たちにとっては、イサムが提出した橋のかたちは全く理解をこえた不可解のものと映ったようでした。そうしてその賛否をめぐって市議会が、まる一日、奇妙な芸術論に花を咲かせた、ということは、また稀有《けう》のことでしたが、そうした難関を経て、これらの橋はようやく実現したのであります。いまでは、市民たちは、これを広島再建の象徴として、日常生活のなかで、うけとっているように思われます。

このように、社会の広場に出た芸術作品は、なにがしか、象徴的意味を帯びるものではないでしょうか。

岡本太郎の東京都庁舎における「太陽」その他の陶板画は当初さらにはげしく、多くの文化人たちから非難されました。建築と不調和であるというのが、その主旨であったようであります。しかし今では、一般市民からは、東京都庁舎の一つの象徴として、うけとめられているように、私には感じられます。

そのあと、香川県庁舎で猪熊弦一郎が「和」「敬」「清」「寂」を描いたときには、ほとんど抵抗なく一般の市民に迎えられました。それは岡本の作風が猪熊のものよりは、はげしいというためでもあったのでしょうが、それよりも、こうした芸術のもっている社会的意義や象徴的意味についての理解が、一般に広まったためでしょう。といいますのは、その後、多くの公共建築に、こうした壁画が現われるようになりましたが、ほとんど岡本を模したと思われる作風の場合にも、人は、それを許しているからであります。

こうした象徴的意味は、芸術が社会の広場に進出してくるときに求められる社会的機能でもあります。もちろん、ここにも幾つかの度合いがあるものと思われます。個人の住宅、料理店や娯楽場、公共的な文化施設、さらに記念的な施設といったそれぞれの段階で、この象徴性の現われ方は、淡いものから、しだいに濃いものとなるということも当然のことであります。

しかし、こうした諸芸術間の協調のことを、芸術の問題としてみるとき、別の側面がクローズアップされます。

それは、建築・彫刻・絵画が共存するときに起こる形態上の均衡や空間的秩序のことであります。さらに、この総合の作用が、個々のものがもっている水準より、より高次な化合物を創造しうるか否か、という問題でもあります。

一般に多く見かける例は建築空間に、あるいは壁面にデコラティヴな要素として、彫刻や絵画的要素が参加する場合であります。これは、建築デザインにおいて、イメージがしだいに細部までを決定してゆく過程で壁面や空間のエンリッチメントとして要求されるものであって、多くの場合、建築家のイメージの実現化のなかで編入されてゆくオーナメントであるといってもよいのであります。こうした場合、絵画や彫刻は建築像に完全に従属していて、それとしての自己主張をいたしません。

こうした協力があまり価値のないものであると、ここでいおうとしているのではありませんが、協力というには、あまりにも従属的関係におかれております。

次の段階として、建築上 architectonic（アーキテクトニック）の意味の強調のために置かれる彫刻や絵画があることも見逃すわけにはゆきません。たとえば、重力や地震力に耐えている壁に、何か強い表現を与えたり、あるいは空間を次の空間とつなぐための半透明な彫刻的スクリーンを設けたり、あるいは無性格な空間の存在を示すためにおかれる彫刻など、空間の意味をより強調している例は、きわめて多く、単なるデコレーションに比べれば、よりアーキテクトニックな結合であるといえます。私たちがこころみた都庁舎や香川県庁舎も、こうしたアーキテクトニックな意味をも含んでおります。しかし、この側面はあくまで建築家的発想の外延にすぎないものであります。

私はさらに次の段階について考えてみたいと思います。それは、それぞれが主体性をもちながら、協力するという関係であります。異質な分子が結合するときに、全く新しい物質が創造されるように、異質なものの協力関係が生みだす創造的役割について、考えてみたいと思います。前の二つの階段をホモジニアスな協力とよぶならば、これはヘテロジニアスな協力とも、あるいはアンタゴニスティックな協力ともいえるでしょう。

ここで、ル・コルビュジエについて触れることを許していただきたいと思います。彼は建築家であるとともに画家であり彫刻家であります。それだけに彼の場合、芸術の総合は理想的に成り立つというふうに理解されております。

建築家と画家・彫刻家とのあいだの協力は、一般に、たやすいことではないという意味で理解されるならば、それは正しい理解とはいえないでしょう。というのは、ル・コルビュジエの場合、建築家としての彼と、絵画・彫刻家としての彼は、その概念構成において、その手法においてそれぞれが主体性をもっているという点が重要であると考えているからであります。建築家として彼は、ながくカルテジアン風に合理的であり、明朗なアポロ的精神の持主であったのですが、しかし画家としての彼はごく初期のピューリズム以後すでに一九三〇年代の後半においては、ディアボリックな非合理性に目ざめ計りしれない暗さと深さをもったディオニュソス的情緒を帯びて現われております。ル・コルビュジエにおけるこの両極性を、建築家と画家の両側面と同視することはできないにしても、このディオニュソス的小宇宙は、彼の画家としての体験のなかで醸成されたものとみても大きな誤りではないだろうと私は考えております。ここで強調したいことは、この両極性が一人の人格のなかで化合することによって、彼の創造的前進があったということであります。ミースの首尾一貫した、単調な完成への道と比べて、ル・コルビュジエの多彩な変貌と発展の秘密は、ここにあったのではないでしょうか。こうした異質なものの協力――ヘテロジニアスな協力――あるいは対立を含んだ協調――アンタゴニスティックな協調――は、ル・コルビュジエという一人の人格のなかで見事に昇華し、次々と新しい創造的作品をつくり出し、ついにロンシャンの教会やリヨンの近くのドミニカン僧院などに結実したのであります。

しかし、建築家・画家・彫刻家それぞれが独立に、それぞれの主体性を放棄することなく、しかも協調するということはそうたやすいことではありません。私は、こうした協力にこそもっとも創造的で、実り豊かな協力関係があると考えております。私が行なってきた総合の試みも――それが成功しているか否かは別として――ひそかに、こうした意図と期待をもって行なわれたものであります。とくに東京都庁舎の場合、建築の弥生的性格のなかに、岡本太郎の縄文的要素を導入した私の意図は、こうしたところにあったといえましょう。

芸術はそれが芸術である限り、それ自身の小宇宙をもつものであります。一般に、芸術の鑑賞というとき、見る人をその小宇宙に誘いこむものであります。鑑賞の場である美術館では、見る人がそうした小宇宙にはいってゆくことを、さまたげてはいけない、とされております。個性的建築家が設計した美術館は、多くの場合、絵画を鑑賞する立場の人からは非難されがちであります。たとえば、ライトのグッゲンハイム美術館においても、東京に建ったル・コルビュジエの西洋美術館においても、こうした非難はたえません。美術館の建築は完全にニュートラルであって、むしろ絵画的世界に従属すべきものだ、といわれております。これは美術館としては当然の要求であるかもしれません。

この例は、さきにあげた、絵画的要素、あるいは彫刻的要素が、建築に従属的である場合と対照的なものでありますが、しかし、ともに一方的、従属的関係におかれている点では同じであって、これはまだ諸芸術の総合とはよびえないものであります。

もしここで、大胆かもしれませんが、私の結論を言うことが許されるなら、私は次のように申しあげたいと思います。

芸術の総合が、創造的な意味をもつためには、各主体はそれぞれの主体性を放棄すべきではないということであります。建築家は、建築的空間を創造するにあたって、その社会的意味——それはフィジカルな、またメタフィジカルな意味をも含めて——を建築的に、アーキテクトニックに実現すべきであります。そこでかりに、画家や彫刻家との協力が予定されているとしても、彼らに気がねして、自己の個性を建築的に表出することに臆病であってはならないと思っております。画家・彫刻家も同じく、その置かれるべき空間の意味を絵画的に、あるいは彫刻的に追求し、また実現すべきであります。つまり、絵画的、あるいは彫刻的小宇宙を創ることでもあります。建築的制約に打ちまかされて、その小宇宙を放棄してはならない、と思います。

というといかにも、なんらの協調や事前の相談も許されていないかのように聞こえるかもしれませんがそうではありません。空間の社会的意味について両者のイメージに共通点が見いだされなければならないでしょう。しかしそれを実現する方法については、それぞれに妥協はありえないし、また芸術家的個性は、それによってゆがめられることがあってはならないのです。そうして、両者はその空間の意味を実現してゆくに際して、それぞれの個性と手法を最大限に発揮すべきである、という意味であります。

そうして、その結合が完成されたとき、建築家は自己の意図した建築的空間が、すでに変質していることに気づくでしょう。画家あるいは彫刻家は自己の描いた小宇宙が、とびらを開いて、その空間に融解してゆくのに気づくでしょう。
しかし両者は、予期しなかった新しい化合物あるいは創造物がそこに形成されていることに気づくはずであります。それは個々が意図した空間の意味を、より高度に実現している空間的創造であることを知ることになるでしょう。こうした化合物こそ、協力そのものがもたらした創造なのであります。

私はこうした協力あるいは結合の仕方にひとつの期待をかけております。もちろん、いかなる場合にも、新しい化合物の創造に成功するとは限りません。としても、多かれ少なかれ、芸術家相互の協力においては、こうした不確定性、偶然性はつきまとうものであって、芸術家は、何がしかの冒険を強《し》いられているのであります。それはある場合には功の少ない、はかなく、こわれやすい冒険であるかもしれませんが、しかし創造的芸術家は、この冒険を身にうけて立つべきでありましょう。

（一九六二年一月）

4　芸術の創造性について

私は前衛という言葉を芸術を語る言葉としては認めていない

「詩人は時を知らせる」とヘルダーリンが言っている。「詩人は時より早く時を知らせる。詩は存在に先立つ存在である」というような意味のことを。

「だが詩人は予言者ではない」と他の美学者――現象学派の一人であったと思うが――が言っている。「彼はジャーナリストのように予言者ぶってふれ回らない。詩人は時と存在を、彼さえもあらかじめは知っていない未知なる暗闇のなかからえぐり出し、確固として打ちたてる。そのあとに大群のエピゴーネンがつづく」というようなことを。

だとすると詩人はどうして時に先立って時を知らせ、存在に先立つ存在を打ちたてることができるのだろう。

「彼は神の言葉を告げる巫女ではない。いや、彼は追いつめられている。何物も見分けられないような未来という暗闇に向かって決断を強いられている。」とすると、彼はなにゆえ追いつめられ、決断を強いられているのだろうか。彼は過去は過ぎ去ってゆくことを知っている。しかし、未来はまだ来ないことを知っている。現在はその裂け目なのである。彼はその裂け目に身をおいて、もう、しりぞくことができないでいる。この裂け目に向かって彼は追いつめられており、この裂け目に橋架ける決断を強いられているのである。彼にとって、現在とは裂け目である。きのう太陽は東から出て西に沈んだ、今日も、そしてあすも同じ太陽の運動を疑う人はいない。では現在はなぜ裂け目なのか。

きのう朝、出かけ、夕方混んだ電車で疲れて帰った。今日もまた。そしてたぶん、あすも同じ生活がくりかえされるだろう。ではこの「たぶん」が裂け目なのだろうか。多くの人はこの「たぶん」をさえ意識することなく毎日の生活をくりかえしている。

すると芸術家といわれている人たちは、なぜそこに裂け目をみるのだろうか。

「くりかえすということは、本質的に逃避なのだ。……私は、私の生命の終りででもあるかのように、芸術の仕事を愛している。そしてそれをしたあとで、私は深い歓喜にひたる……私がふかい関心をセザンヌにそそられるのは、彼の不安なのだ。また、ヴァン‐ゴッホの苦悩だ」というピカソの言葉は、この裂け目の意識なしには考えられない。創造する人にとって、現在は裂け目なのである。彼は、すでに存在するもの、自分自身をも否定することによって存在を創造し、彼自身も変貌させる。彼は、過去をくりかえさない。過去をあくまで否定してゆく。しかしあす、何が現われるのか。あす、彼自身がどうあるのかを知っていない。なにゆえと問うことは、私にはできない。それは、創造とは何かと問うことでもあるだろう。しかしこれは、創造について語りつくしてはいないかもしれないが、その一端にふれている。創造の不安、その恐怖について、そのきびしさについて、そうしてまた歓喜について語っている。創造の本質的な核心にふれている。創造とは——前であろうと後であろうと——何かを衛《まも》るなどということとは関係のないことである。前衛とは何を衛るのだろうか。前にある何かを衛るのだろうか、それとも前そのものを衛るのだろうか。

私はくりかえしていうが、創るということと衛るということとは、全く無縁なことである。創造とは大なり小なり模倣と切りはなしては考えられない。文字通りの無からの創造などということは、ありえない。模倣は、あるときは外界や自然の、あるときは社会的事象のまた伝統に対する模倣である。それらは何か形式的なもの、規範的なものとして芸術創造を規制する働きをもっている。

しかし、この模倣といっても、それを衛るということでは決してない。この模倣はエピゴーネンの芸術的活動においては、濃く現われるものであるが、しかし、創造的な芸術家といってもこの模倣から完全に自由であることはできない。このエピゴーネンの模倣においてすら、それはすでに打ち立てられた像をおみこしのように衛り、かつぐものではない。むしろそのようなエピゴーネンの活動のなかにさえ、それが芸術的活動である限り、それに対する否定的、破壊的な衝動が働くものである。

本質的な意味で創造には、否定と破壊の内部エネルギーが含まれているのである。形式的なもの、規範的なものとしてはたらく過去にたいして、それを否定し、破壊しようとする内的エネルギー、生成的なものが、それにぶつかることによって、その矛盾にみちたものの燃焼のなかに**創造があるのである**。

歴史的にみてもこのことは言えるだろう。芸術創造の否定的、破壊的契機は、歴史を変革してゆく社会的基底にある民衆のエネルギーを反映しているものであることは、一般に言えることだと思う。この制度的なもの、規範的なものとして働く過去にたいして、その否定者その破壊者として登場してくる民衆の文化形成のエネルギーが、その社会における芸術の創造性をたかめる契機となるのは当然のことである。しかしこのエネルギーが直線的に芸術創造に結びつくものではないこともまた当然のことである。

そのようなエネルギーが芸術形象に反映するということは、しかしそれを衛ることではない。そのエネルギーは芸術創造を触発する契機とはなっても、そのものが芸術であるのではない。創造のエネルギーがただちに創造そのものを意味するものではない。それを芸術としてあらしめる形象化の過程が創造なのである。新しい存在を確固と打ちたてることが創造なのである。矛盾をはらんだ歴史の裂け目を具体的にうめることであり、どううめられたか、ということが意味をもっているのである。それは民族のエネルギーを衛ることではなく、そのエネルギーにいかなる形象を与えるかということである。伝統がある場合には形式としてあるいは規制として存在している。その伝統を否定し破壊しながら、しかも伝統をつねに創造しつづけている人間の歴史は、つねに形式的な規範とそれを否定する生成的エネルギーの矛盾のぶつかりのなかから、文化事象や芸術形象を創ってきたのである。しかもそれは直線的、自動的にではなく、文化形式の、あるいは、芸術創造の担当者として、自覚的に登場してくる人びとの創造活動によってなされたということを考えておく必要があるだろう。

芸術家は、規範的なもの 形式的なもの、すでに存在しているもの、自己をさえ否定しようとする衝動にかられている。彼は追いつめられている。しかし未来はまだ来ていない。この裂け目とは形式的なものと生成的なものが矛盾して渦まいている深淵である。彼は決断を強いられている。彼はまだ来ない暗闇のなかに確固とした存在を打ちたてる、という決断を迫られている。そこで彼はあくまで主体性をもっている、彼は何かを衛るのではなく、彼は創るのである。そのような主体性のある創造活動においてさえすでにあるもの、あるいはすでに先達《せんだつ》の打ちたてた芸術形象を模倣するということはありうることである。それは否定を含んだ模倣である。それをおみこしをかつぐように衛ることではない。

芸術の歴史は模倣としての側面をもっているが、先達を衛るところに創造的な芸術があるのではなく、それを否定し破壊するエネルギーがはげしくぶつかってゆく、その矛盾の燃焼が創造性をたかめているのである。もう一度くりかえそう。芸術の創造は、先達の打ちたてた芸術形象を衛るところにあるのではない。また民衆の社会変革のエネルギーは芸術の創造性をたかめる一つの契機となるものではあるが、そのエネルギーを衛ることが、創造ではない。そのエネルギー――この未知なるもの、この未形式のもの――にこたえて芸術形象を打ちたて確固たる存在を創るところに創造があるのである。芸術は存在に先立つ存在であるだろう。時より早く時を知らせるだろう。
前衛という言葉に私はこだわり過ぎていただろうか。私は創ることとは全く反対なもの、しかも無縁なものとしてしか、衛るという言葉を考えることができない。それは言葉だけの問題ではない。その言葉を使うということは、芸術にたいする一つの観念を前提としているのである。芸術においては、衛る、衛られるという関係は、独裁者とその追従者の関係以外には存在していない。そうして、このような芸術の考えは——それは、芸術活動というより政治活動と言ってよい——芸術家の主体性と創造性をつみとる役目しかしないだろう。そういう観念と結びついた前衛という言葉を私は芸術を語る言葉としては認めない。

（一九五八年一〇月）

（本編は、現代芸術の会およびバッファロー-ファイン-アート-アカデミーでの講演速記、「建築文化」一九五八年一〇月号の掲載文より引用）

Ⅲ　現実と創造

1　建築の創造——その姿勢と方法

建築の創造は社会の要求にこたえて物質的用役を建設することであるが、いったん建設された建築は、逆に現実に働きかけ、それを改造してゆくものである。またその芸術的な形象は、現実を反映するものであるが、一方それはこの現実を豊かにしてゆく。現実と、建築の創造は、こうした相互の働きかけを通じて、結ばれている。であるから、建築の創造は、現実の構造をその土台と上部の統一において認識することを必要としている、とともに現実を歴史の展開のなかに、主体的にとらえることを必要としている。

こういう意味で、建築の創造は、現実認識の一つの特殊な形態である、といってよい。

建築がこの現実の構造の土台であるとともに、上部を形成するものであるということは、また、建築が機能的なものと表現的なものを、あわせもっていることとも対応するものである。この矛盾にみちたもの、機能的なものと表現的なもの、あるいは内容と形式——それらはそれぞれに固有の原理をもつ本質的なものであるが——、それを統一にもってゆくこと、そのことが建築の創造そのものであるといってよい。そうしてこのような建築の創造は、現実の構造の土台と上部を概念的に分析することから得られるものではなく、それを形象的に統一することによって行なわれるのである。しかしこの自明のことが、つねに正しく行なわれたり理解されていたとはいえないのである。一九世紀の観念論美学は、建築の価値をこの表現的なものにおいて、その機能的なものを過小評価した。功利的な合理主義の立場は、建築の機能的な側面を強調して、表現的なものの価値を過小評価することによって観念論美学に挑戦した。それに続く素朴な機能主義の立場は、この機能的なものと表現的なもの、物質的なものと芸術的なものを、自動的に、無媒介に結びつけてしまった。機能的なものは美しいという安易な芸術論は、戦闘的なテーゼとしての役割は果たしたのであったが、現代的課題をになうテーゼとしての価値を失っていった。

これと対決をいどんだ社会主義リアリズムの陣営では「内容において社会主義的、形式において民族的」というテーゼを打ちたてて、この機能的なものと表現的なものとの野合を試みたが、これは装飾過多の形式主義におちいってしまったのである。

建築はこのような一面性の抽象からも、またその二面性の野合からも、決して正しくは理解されない。この矛盾にみちたもの——機能と表現——の統一の過程が建築の創造そのものであるということをつねに強く自覚する必要がある。その創造的統一を可能にするためには、現実の認識において、その土台と上部をその展開しつつある全体像において捉えることを必要としているのである。

しかし、この現実は、生産的労働により、また芸術的創造によって、不断に新しく獲得されてゆくものである。現実の認識とは、現実の現象のありのままの反映ではなく、獲得しつつある現実の反映である。言いかえれば、歴史的に展開し発展しつつある現実の主体的な反映である。このような現実の認識は、まずはじめに、私たちに思想として、また世界観として反映される。そこから、私たちの日々の実践における現実との対決の姿勢が――それはまた創造の姿勢となるのであるが――現われてくる。

私たちの現実認識はまず思想として、世界観として反映されるといったが、それはまた政治的なものと無縁ではない。建築はつねにこの現実の政治的な問題を反映し、また問題を投げかけるものであることを否定することはできない。住宅問題といい、都市問題といい、それらは政治的な問題性を含んでいることを否定してはいけない。それは建築の機能的側面に問題性をもつばかりではなく、その表現の形式が政治的なものと深いかかわりあいをもつことも、歴史的に見るとき見落としてはいけないのである。しかしだからといって、政治的に行動することが建築家の立場ではない。建築的に行動すること、建築の創造を通じて現実を反映し、それに働きかけること、これが建築家の立場である。私たちはこの現実を、建築の内部において捉えなければならない。現実は私たちの外部にあるものであるが、それは私たちの内部に反映されてあるものである。この内部にある現実というものは、建築創造の方法を媒介として形象化されてあるものである。現実を建築の場で認識するということは、この創造の方法を通じて行なわれるものであり、またこの方法をより豊かにすることによって、この認識はますます深められてゆくものである。

私たちは、この建築創造の方法によって形象化されたイメージ――内部にある現実――を外部の現実にぶつけることによってはじめて外部に肉迫してゆくことができる。

この方法は現実のなかから生まれてくるものであるが、いちど生まれた方法は、その特殊性と固有性をもって成長することができる。しかしまた、その方法は、それをもって外部の現実にぶつかることによって、それ自身を変革し、豊かにしてゆくものである。このように、内部を外部にぶつけあうことによって、この内部と外部の創造的統一、言いかえれば、内的なイメージと外的現実との創造的統一が可能になる。これが建築の創造の論理である。

このような場合に、私たちは建築家という特殊性を通じて、民衆的なものの本質にも肉迫することができるのである。このことは私たちが、この現実のなかに生きており、また民衆の一人として創造的に生きているということを否定するものではない。むしろ建築創造の場においてみるとき、私たち建築家を民衆一般におきかえてしまい、また私たちの内部の現実を、現実一般におきかえてしまうことは、建築家としての責任の放棄であるばかりでなく建築創造の否定となるのである。

「現実と創造」と題した本稿は、「新建築」一九五六年六月号の私の「現代建築の創造と日本建築の伝統」に多少の筆を加えたものである。それは、伝統のことを取り上げつつ、主として建築家の内部世界を明らかにしたい意図から書かれたものであった。それにたいして、一九五六年八月、日本建築学会近畿支部主催の現代建築討論会でも問題になり、また七月二八日、国際文化会館で行なわれた建築懇話会でも討議され、また、「新建築」七月号に葉山一夫の批判があり、「美術批評」九月号に岩田知夫の批判もあった。

これにたいする答の意味で「新建築」一九五六年一〇月号に「建築家の内部の現実」と題した文

章を発表した。ここにその文章を挿入することを許していただきたい。

私は創造の内部を明らかにするために、創造の姿勢——あるいは態度といってもよい——と、創造の方法とは、相互に深く貫入しているものであるが、しかし、それを一義的に、無媒介に結びつけて考えることは、問題をかえって曖昧にする危険があり、むしろ、分けて考えることが正しいと考えたのである。創造の姿勢と私がよんだところのものは、どこからくるのかといえば、それは現実の認識からくるものだと考えたのである。それはまた創造の姿勢でもある。それは世界観として、あるいは哲学として日々の実践の態度につながっている。それはまた創造の姿勢でもある。そのような姿勢によって創造された作品の表現にはその姿勢が反映される。たとえば、日本の伝統のなかにある「もののあわれ」「わび」「さび」などは、その人たちの現実認識から生まれた生き方であり、また創造の姿勢であり、それと同時に作品の表現にもまつわりついているところのものを、私たちがめざしていることを考え合わせるとき、その間のかかわりあいは明らかになるであろう。

ここに姿勢とよんだものは、現実の認識から生まれるものであるといったが、しかし、それは概念的認識からくる抽象的な概念であって、それだけでは建築の実体、すなわち形と空間を創り出すものではない。それはまだ形をもたないパトス的段階であると言えよう。

建築の形象化、あるいは具体化の過程には、それなりの方法が必要なのである。もちろん、方法には、科学的、分析的思考や工学的技術はその重要な役割をもつものである。しかしそれらは、形象化の過程における初期の予備的、分析的段階のものである。ここで、とくに方法といっているのは、それにつづく段階での総合化・体系化の段階のものをいっており、いわば形象的イメージをともなったものである。別の言葉でいえば、現実を形象的に認識することを可能にするところの方法体系であると言ってもよい。

方法は、歴史的にみれば生活の知恵として蓄積されてゆくものであり、そのために、その伝統の継承が可能であり、また必要なのであるが、また方法は、現実とぶつけあうことによって発展してゆくのである。むしろ、方法は、現実のなかから生まれてくるものであると言ったほうがよい。

創造においてこの姿勢と方法は切りはなすことはできない。創造を可能にするものは、方法的なものである。方法は型をつくり出すものである。そうして、創造されたものに映し出される表現は、より多く姿勢にかかわりあうものである。そうした型が正しい表現をもちえたとき、つまり姿勢と方法の統一が行なわれたとき、典型が生まれるのである。——川添登は、カタとチを分けてその統一としてのカタチを考えている。このカタを創るものをここでいう方法と対応させ、チをここでいう姿勢と考えてもよいだろう——。また、ここで型といっているのは、ルイ・カーンのいうフォームに近い概念であるとみてよいだろう。

岩田知夫は、これを二元論であるとして、その反証として次のように述べている。ミースの造形は、鉄とガラスに対する絶えまない研鑽《けんさん》、この素材との長い格闘のすえに到達した造形である。一方、ル・コルビュジエは、コンクリートの彫塑性の発見に、その造形がかかっており、現場打ちの荒々しさの中に、コンクリートという素材の中に、自己を発見した、と。そのこと自身は正しい。

しかし、鉄とガラスへの方法的な研鑽が、オートマティックにミース的表現に到達したのではなく、そのような表現は、建築家ミースの姿勢あるいは文明史観といったものによって生み出されたものである。鉄とガラスという一つの型にも、すでに、バウハウスから国連、あるいはレヴァーハウスに至る多くの表現を生み出しているのである。またコンクリートとの方法的な闘いにおいてル-コルビュジエ的彫塑性がオートマティックに発見されたものではない。ル-コルビュジエの思想なり態度が、そこに映し出された表現に参加しているのである。初期に、柱・梁・スラブというリニアな、線的な構造形式が、彼によって打ち出され、それが今なお、十分に型としての存在理由をもっているという現実とてらし合わせるならば、このことはさらにあきらかになるであろう。このことを考えれば、マルセイユのアパートのもつ彫塑的表現も、ロンシャンのチャペルの表現も、単にコンクリートに内在している本性であると考えるだけでは、創造の問題をあきらかにはしない。彼の姿勢がそれをあばき出したのであるということを忘れてはならないのである。岩田知夫がここでおかしたようなオートマティズムにおちいることをさけるために、私は創造における姿勢と方法とを分けて考える必要を主張したのである。

姿勢と方法、そうしてその方法によって創られた型とそれがもつ表現、それらはオートマティックに結びついているものではない。方法は現実の多様性を反映して、多様である。方法をなす要素のなかには、抽象あるいは選択の可能性が存在しているのである。姿勢と方法とはそれぞれに本質をもっており、それがオートマティックに結びつくものではないために、かえって、それの統一として創造があるのである。

さらにまた一部の公式的唯物論者が、しばしば「日本の建築家が当面しているのは、どのようにして創るかという問題ではなく、建築家が人民か、支配者か、どちらを向いて仕事をしているかということである」というようなとき、その前半において私のいう方法的なものを考えており、後半は私のいう姿勢的なものを考えているのであるが、彼らはここで「姿勢こそ大事であるが、方法は二の次である」と言っていることになるのである。このような二者択一におちいるのを防ぐためにも、私は姿勢と方法とを分けて考え、その統一としての創造の構造を明らかにしたものである。このような姿勢と方法との統一、あるいは型と表現の統一は、すぐれた芸術形象のなかで成立するものであることを、私はここで強く指摘したい。このことを明らかにするために、私は構想力という概念をもち出さざるをえない。

岩田の引例は、またこのような、ルーコルビュジエやミースのすぐれた天才の構想力によって、彼の型と表現が見事に統一されたものであることを、故意に見落としている。

そのような構想力を――一般にいえば、創造力といってもよいのであるが、ここでより明確に規定してゆこうとする場合構想力といった方がよいだろう――、私はすぐれた天才のなかに発見するとともに、集団的な構想力を考えている。それは歴史的過程でしばしばあらわれている。

民衆の生活のエネルギー――民衆のポテンシャルなエネルギーとは、現実の矛盾のなかで、それを克服しようとする姿勢なのであるが――と生活の知恵あるいは方法とが見事に形象的に統一されてゆく歴史的過程は、民衆のなかに集団的な構想力が現われることを示している。民衆の形成などは、このことをものがたるものである。私がリアリスティックな立場といっているのは、建築家として、そのような民衆の構想力の歴史的な創造過程に参加してゆくということなのである。この場合にも、もちろん、建築家はオートマティックに歴史に流されるのではなく、彼が建築家としての構想力をもつことによって、よりよく、民衆の歴史的な創造過程に参加することができるということを忘れてはならないのである。さきに私はこの創造の姿勢は、現実認識から生まれてくるものであるといった。現実認識において、そこに矛盾をつきとめ——この矛盾には必ず民衆のエネルギーがポテンシャルにかくされているものなのであるが——、それを克服しようとする場合、彼の姿勢は積極的となり、また民衆のエネルギーに応えることのできるような健康な表現をその作品にうち出すことができる。逆に、この現実を、不可避な、必然的なものであるとする客観主義的認識は、現実のなかにある矛盾をとりだすことも、それを克服しようとして潜在している民衆のエネルギーを掘りおこすこともできないで、彼を消極的な姿勢に追いこんでしまう。そのような姿勢によって創造された作品は、健康な表現をもつものではない。

しかし、このような現実認識には、社会科学的、自然科学的知識を必要としているのであろう。しかしそのような認識は、つねに歴史的な実践によって検証されながら、確かめられてゆくものである。それは書斎的、ロビンソン-クルーソー的知識の集積であるのではない。建築家が書斎で、いかに社会科学の書物に読みふけったとしても、そのことだけからは、彼は建築家として、現実を正しく認識してゆくことはできない。建築家は、建築の創造という実践によって、言いかえれば、建築創造を現実にぶつけてゆくことによって、彼の認識をしだいに深めてゆくのである。彼にとっての認識は、科学者が概念による認識をしてゆくのとちがって、形象による認識をも行なっているのである。建築家の認識とは、概念による認識と形象による認識、科学的認識と芸術的認識の統一としての、特殊な認識である。その認識を、建築家は、建築を創造することによって行なうのである。建築の創造は現実認識の一つの特殊な形態であるということができる。

いつか、灰地啓が、民衆がインターナショナルを高唱しながら行進してゆくところに触れるのでなければ民衆を知ることはできない、というふうなことをいっていた(「建築文化」一九五五年四月号)が、まだ、それでは建築家の立場ではない。建築家が民衆のエネルギーに触れるのは、そのような行進においてではなく、民衆と建築とのかかわりあいにおける矛盾のなかに、それを克服しようとする民衆のエネルギーのポテンシャルを見るときである。

建築家は建築の創造という実践によって、それに触れることができるのである。このことについては、「建築文化」一九五六年一〇月号の「おぼえがき」を参照していただければ幸いである。これは「民衆と建築」という表題でこの本のなかにのせられている。

葉山一夫はこれにたいして、「新建築」一九五六年七月号に、認識論と表現論――ここで彼のいう表現は、むしろ私のいう創造に、ほぼ該当している――を混同すべきでないと語っている。当然のことである。私が「葉山一夫は一人の特殊な人間である」と言ったとしても、私は葉山一夫論と人間論とを混同しているのではない。私が「建築の創造は現実の認識の一つの特殊な形態である」と言っても、創造論と認識論とを混同しているのではない。それに従って彼はまた、私の言うような考えが、創作活動を研究活動のなかに解消し、さらに研究活動を政治的行動にみちびいた、いままでの苦い経験の源をなしていると言う。これは全く逆であって、創造と認識とは全く別なものであると考え、まず鉛筆をにぎる創作活動は、現実認識によってささえられていなければならないし、それが前提になる、しかも、その認識は研究活動や政治的行動によってのみ得られるものである、とするような葉山一夫的な考えかたが、彼のいう苦い経験の根源をなしているのである。だからこそ私は、建築家は建築創造によって、建築家としての認識を深めてゆくことができる、なにも自ら研究活動を行なったり、さらに政治的行動をしなくても、建築家としての認識は深められてゆくものであるし、逆に政治的行動に参加することによって、建築家の認識が深められはしない、と言っているのである。さらに進めていえば、建築家は、建築創造の方法的な体系にうらづけられた構想力によって現実を認識してゆくのである。「建築文化」一九五六年一〇月号には、このことについての私見を述べたつもりである。葉山一夫は、認識と創造とは一つの環であることを概念的に理解しているにかかわらず、実感として理解することができないでいる。認識は物質から精神へというコースを歩み、創造は精神から物質へというコースを歩むものと単純に考えている。しかし認識は、物質—精神—物質という実践的な環であり、創造も、精神—物質—精神という実践的な環であって、深く重なるものであることの実感が、彼には希薄であるように思われる。（一九五六年六月）

2　日本の伝統における創造の姿勢——弥生的なものと縄文的なもの

私たちがこの日本の現実に生き、それを克服する前進的な姿勢で創造に立ち向かうとき、日本の伝統が自覚されてくる。それは私たちの生きる姿勢、また創造のなかに無自覚にあるところのものを、現存として自覚することである。それは歴史的世界を対照的に見ることによって、さらにその自覚を深めることができる。伝統も外部にあるものであるとともに、内部に現存しているところのものである。伝統の克服などというとき、それは、外部にあるものの克服であるとともにむしろ内部にあるもの、自己の克服なのである。

日本の前歴史時代のものとして私たちに残されているものに、縄文土器がある。ここに自然との奔放な戦いのなかから生まれてくるような、量感にあふれた強靱な意欲と、自由で敏捷な感受性が現われている。この伝統は私たちに到達するずっと以前、狩猟の段階から水田農耕の定住の時代にはいったところで、断ち切られているように見える。私にはなぜであるかわからないし、西欧では、これと併行する歴史的過程で全く消え去っていないもののように思われるからである。定住の始まる弥生の時代には悟性的かげが現われてくるが、十分に成熟しないまま次の古墳時代に引きつがれてゆく。この時代は、人間集団のなかに個性的なもの、人格的なものが萌芽的に現われ、また民族の形成が行なわれてゆく英雄時代である。私たちはその英雄たちの古墳を知っている。

またそこに捧げられたはにわをもっている。このはにわに見られる素朴さ、楽天性は、自然や外界の克服といった積極的な意欲を失って、外界をあるがままに、直接的に肯定し、妥協するという認識の姿勢のあらわれであって、しかもその人間と自然、自己と外界との統一をささえているのはアニミズム的、神性的なものであるといってよい。それは古墳においてもっと明らかに現われている。これはエジプトのピラミッドに匹敵する平面的な規模をもったモニュメントであるが、しかしその形象は堀をめぐらされた自然の島のように見える。自然そのものを肯定的に神性化するアニミズムのあらわれであるといえるであろう。

ここにはピラミッドがもっているような、自然の中に反自然を対決させ、また自然に対する人間の力を表示する、といった抵抗的な意欲と姿勢は全くもっていないのである。

英雄的な民族から専制的な国家が生まれ出ようとする社会的変革のモニュメントとして、私たちは伊勢神宮という建築遺産をもっている。

それについて考える場合、日本の住居の系譜にふれる必要があるだろう。ここには二つの源流があるように思われる。一つは竪穴式住居であり、それは縄文の時代からのものと考えられる。そうして、高床の切妻型の住居は弥生の時代に現われ、この二つの形式は主として竪穴式のものが下層農民層のなかで発展させられ、高床式のものが上層貴族のなかでうけつがれたと考えられる。この伊勢の正殿の形象化は、この高床式、上層貴族の住宅の神格化であったと言えるであろう。この表現には素朴ではあるが力強い、簡潔ではあるが格式の高い、そうして静寂ではあるが、暗いかげりが現われている。私たちがこのことをさらに深く自覚するためには、ギリシアとの比較が役立つであろう。ギリシアにおいて、同じように英雄的なものから国家的なものが生まれてゆく社会的改革の過程で、その英雄たちに捧げられたギリシア神殿、とくにその典型的なものとしてアクロポリスに立つパルテノンが対置されるであろう。

伊勢の鬱蒼《うつそう》とした森、その静寂さには私たちの襟を正させるような神聖なものが宿っている。これはほとんど自然そのものといってよい森であるが、しかしこれはあざやかな、アニミズムの形象化であると言ってよいだろう。そうしてこのアニミズムは私たちのなかに、無自覚に、まだいまでも生きのこっていることに気づくのである。この森の奥深くに、四重の垣がめぐらされた神聖な場所がある。そこに私たちの近づくことのできない正殿がある。この正殿はまた私たちを感動させずにはおかないすばらしいものであるが、その感動の底には何か、ディオニュソス的なかげりが秘められている。

地中海と太陽とに対決して立っているアクロポリス、それは自然の丘でありながら、しかも人間が建設したように形象化されている。ここには自然を克服しようとする意志的なものが感じられる。そうして、その上に立つパルテノンの明朗さの中には、自然を克服したものの力の意識と栄光の自覚とが輝いているように思われる。

このような比較は、日本の古代は、主情的消極的な姿勢からでてくる叙情詩しかもっておらず、能動的な実証的なものとしての叙情詩は成立しなかったのであるが、これがギリシアにおいては十分に成熟し高い芸術性を獲得していることにも対置されるであろう。

この英雄的なものから国家的なものの成立の時期、この悲劇時代にギリシア人たちは、自然の底にうごめくディオニュソス的な暗さを、能動的な姿勢で克服し、それをアポロ的な栄光に輝くものに変革してゆくことができたのである。それはまた国家を、民主的な、さらに「芸術品としての国家」に高めたということと無縁ではないのである。

そして、日本古代においてはアニミズムのかげりをもったディオニュソス的なものを十分に克服することなく、消極的な姿勢において、内向的な、静寂と陰影をふくんだ「みやび」をしか展開しえなかったのである。

そうしてディオニュソス的なものから一方ではアポロ的なものへ、他方は「みやび」へと展開してゆくのである。

このような消極的な姿勢は、また技術の停滞として反映されてゆく。アジア大陸の仏教の影響下に、法隆寺、東大寺などの歴史的遺産が建設されたが、大陸からの技術的成果も、横に広がってゆくことなく、仏寺の建築に適用されるだけに止まった。

この技術の停滞は、生産力の絶対的低さや、富の蓄積の貧しさからくるものであるとしても、しかしそれはまた、日本人のこの現実認識における消極性や、自然認識における情意性といった弱い姿勢からきているものであって、ただ木にたよるという技術的態度だけが、近代にいたる長い世紀のあいだくりかえされ、その間に、土や石を開拓するという試みは一度も行なわれなかったのである。

建築の技術の歴史は、空間を克服する基本であるスパンする技術との格闘の歴史であるが、日本では伊勢によって獲得された柱―梁というもっとも素朴な形式を決して発展させることがなく、アーチ、ヴォールト、ヴォトラスへの発展は全くなかったのである。

この停滞した技術は、生活の多様な展開に対応してゆくことができなかったのである。建物は横に細長く延びてゆくか、あるいは建物の主構造から張り出されたひさしとして、あるいは別棟としてしか外延してゆくことができず、しだいに奥行の観念、ヴォリュームの観念を失ってゆくのである。生活の展開に対応して、つねに新しい技術を開拓しながら、新しい空間を自然のなかから獲得してゆくことをしないで、ただ外延的に自然のなかに空間を求めていったのである。

たとえば、ゴシックは、新しい技術をもって自然と対決するような空間を獲得したが、これを人間が自然から獲得した空間と呼ぶならば、日本建築における空間は、自然から与えられた空間ということができるだろう。比喩的にいうならば、日本建築の空間は平面的空間、あるいは二次元的空間であるといってもよいであろう。自然そのもののなかにある空間を平面的に区切っていった空間であって、ゴシックの空間のように統一的に把握され、獲得された空間、三次元的空間ではないと言えるのである。

平安の貴族社会的に定形化された寝殿造りと呼ばれる住居建築も、伊勢において見られた技術から、一歩も発展することなく、ただその創造の姿勢とその表現において、風雅なみやびの性格を帯びて、繊細になり、技巧的になったものにすぎない。技術の停滞はつねに技巧的なものへの関心をうながすのである。

この寝殿造りというのは、日本の古代都市のグリッドに従って、垣をめぐらされた広大な敷地のなかに配置された貴族住宅の形式である。

中央に寝殿と呼ばれる主屋がある。これは奥行二スパンの一つの完結した切妻屋根をもった中心部の外周に、ひさしがとりまいているものである。このおもな屋根とひさしの下の空間には、固定した間仕切がなく、それは几張で自由に仕切られるようになった開放的な空間であり、周囲にはしとみと呼ばれる木製のとびらがあり、これは上部のヒンジで回転できるようになったもので、おそらく冬の夜か、嵐の日以外は、そのとびらは降ろされなかったものであろう。だからこの室内は単なるカバードースペースにすぎなかったと言えよう。

その主屋の左右に、副屋が渡り廊下で結ばれており、それぞれの副屋からは廊を南に出して、その南端に釣殿がある。庭には池を掘り、中島が設けてあり、釣殿がこの池に張り出している。そうしてこの釣殿や、また池に浮かべた舟では、花をめで、月を見、雪を楽しむ詩歌管弦の宴が張られたのである。ここでは建築が開放的であるばかりでなく、その配置も庭に延びて、建築と庭とは全く一つに融け合っている。自然と建築との融合というもっとも日本的な性格の一つを示すものである。

しかし、このような性格は、一般にいわれているように、美しい四季の変化に富んだ自然を愛する日本人の心のあらわれであるといわれるものであろうが、はたして、そのような自然観をささえているものは何であろうか。

それは人間の労働によって克服してゆく対象としての自然、そのような自然にたいする人間の主体的認識からくるものではなく、自然にたいする消極的な観照からきているものである。この寝殿造りに見られた自然とは、そのような姿勢によって観照される自然であるばかりでなく、厳重な垣によって切りとられ、技巧的に設定された自然である。ここに自然の多様性はなく、類型化されたものがあるにすぎない。季節感も、自然に対する能動的な働きかけからくる実感ではなく、月・雪・花・鳥などによって象徴されるような、類型化された観照の対照からくるのである。和歌の主題にとってもっとも主要な要素である季節の認識はこのようなものであった。これは人間の建設的な力と自然との間の対決から生まれる、人間の主体的な姿勢によってささえられたものではなく、自然へのよりかかりであり、また沈潜である。

自然観におけるこのような姿勢は、この現実世界にたいする認識においても現われてくる。貴族社会の停滞にたいしてもこれを打ち破ろうとする積極的姿勢においてでなく、この現実から、抽象的に自己のなかに設定した小宇宙に逃げこみ、ただ外界や自然を自己の主情や感性の反映として見るのである。このような認識あるいは創造の姿勢を「もののあわれ」と呼ぶことができる。源氏物語における、この「もののあわれ」の世界は、その芸術的な高さにもかかわらず、このような限界をもつものであることを自覚しなければならない。

日本建築と対置される自然とは、このような姿勢で鑑賞される自然であり、それは現実に働きかけることによって認識される自然ではない。それは技巧的に、類型的に設定された箱庭的自然である。

日本建築の開放性とは、このような自然、このような箱庭に向かっての開放性であって、自然そのものへの開放ではなく社会に向かった開放でもない。それを私的な開放性と呼んでいいとすれば、それはヨーロッパにおけるアゴラやピアッツァがもった社会的開放性と対照をなすであろう。

私は、建築と庭とが一つに融け合うことの意義を否定しているのでは決してない。しかし、日本建築が獲得した開放性には、このような限界があるということを、ここで強く自覚しない限り、この開放性は私たちの伝統として発展的に継承されることはできないのである。

このようなアニミズムから「もののあわれ」の道をたどってきた創造の姿勢とその表現は、さらに中世にはいって「すき」――「さび」への道を歩んでゆくのである。

私たちはこの時期に、鎌倉、室町を経て、桃山の時期に定形化された書院造りの住居形式をもっている。これは下層武士のあいだの農家ふう書院、また上級の貴族化した将軍たちの豪壮な書院、そうしてまた僧院としての禅院ふう書院という、かなり幅の広いニュアンスの差をもって、展開されてゆくのである。

しかし、まずここでは、禅院ふうの書院とその庭が、もっとも特徴的なものとして考察の対象になるであろう。

貴族社会における荘園のなかに、あるときは農民として、あるときは兵士として素朴な生活を送りながら、古い勢力との対決に迫られた新興武士たちは、その素朴な生活のなかから自らの農家ふう書院を創りあげてゆくのであるが、それはむしろ農家として、あとで考察したいのであって、ここではむしろ、そのような武士階級が、この混乱と不安の現実に処してしだいにその健康な素朴な姿勢を失って、貴族的な「みやび」の世界にはいってゆく、という過程が考察の対象となってくるのである。そのような過程では、この現実は、彼らが獲得しつつある現実ではなく、自己の外に無常に流れゆくものとして認識されるのである。現実からの抽象的な超越がはじまる。たよるものは自己の内部にしかないのである。僧侶たちは僧界から、武士たちはその貴族化した世界から、自己の内部に超越してゆくのである。そうしてその内部にあるものは主情であり、直接感情なのであって、そのような感性的小世界が「すき」の世界であった。

それは王朝的な「みやび」の展開であり、「もののあわれ」的姿勢の展開でもあるのであるが、しかし、ここでは王朝的なおおらかさ、豊富さを失って、方丈の栄華、貧しさの直接的肯定が現われてくる。外延的なひろがりを失って、自己への内向性が圧縮されて現われてくる。外形的には、動より静、完全なものより不完全なもの、繁よりは簡という象徴的形象化が現われてくる。

このような象徴的傾向が、さらに凝縮しつつ鈍化してゆくとき、そこに型が完成される。むしろ、その型に従うことによって自己を生かす——それは自己の個性を殺し、自己を無にして型に従うことであり、その型に従うことによって自己を発見してゆくという、無の姿勢における創造なのである。世阿弥における能、利休における茶にも、このような無の姿勢があるのである。このような創造の姿勢と表現を、私たちは「さび」と呼んでいる。

苔庭における象徴的傾向は、大仙院石庭において、さらに深められ、そうして竜安寺の石庭において、無の姿勢にまで展開してゆくのである。

私たちは苔寺において、深い瞑想に引きこまれ、この石庭において自己を失ってゆくような感動におそわれるのである。そのような芸術的な高さを私たちは否定できないであろう。それにもかかわらず、私たちがそれに強い抵抗を感じるのはなぜだろうか。

それは、現実から私たちを引き裂き、さらに自己を失わせてしまう魔力に対してではないだろうか。私たちが今日の現実に生きる積極的な行動意識をもってそこを訪れるとき、何の感動にもさそわれないのであるが、そのような意識から解放されて、不意にここを訪れるとき、愕然《がくぜん》とするような感動におそわれてしまう。このようなことを私はたびたび経験するのである。この私の経験は、この魔力が何物であるかを物語ってはいないだろうか。

しかし、このような象徴的な形象化の傾向のなかには、庶民層における健康な素朴な生活態度や、そこからくる生活の知恵が秘められていることを見落としてはいけない。このような生活の歴史のなかで、形象化された健康な簡素さ、野性的な素朴さには、私たちにリアルに訴えるものがある。それを私たちは古い農家のなかに見ることができる。

このような農家は、竪穴式住居の流れを、高床式からの流れに影響されながら発展させたものと考えられる。そこには、高床式住居の上層社会での系譜が作り出してきたような開放的な表現は認められない。それは、おそらく小宇宙の内で私的に開放されている上層住居とは異なって、直接自然と対決し、外界と接触しなければならなかった下層農民の住居としては、当然な抵抗の現われであったろう。ここでは、開放的なものと閉塞的なものとが、混在していると言ってよいだろう。しかし、このような貧しい農家に抽象化されて現われている簡素な素朴な表現は、貧しさを克服する姿勢で獲得されたものであるといってよいだろう。それは決して貧しさの直接的な現われではなく、長い生活との闘いの歴史のなかで、貧しさを克服しようとする姿勢で獲得されたものなのである。

しかし貧しさを、貧しさとして肯定し、それを感性的にうけとめて美化するという消極的な姿勢においては、貧しさは「わび」の性格を帯びてくる。日本の古い農家のなかにある簡素な素朴な表現は、この「わび」を内在させているように思われる。このことはまた、新しく興ってくる町人層の住居にも言いうるように思われる。

このような貧しいものの生活、その生活のなかの団欒《だんらん》的な楽しみとしての茶、さらにその生活の場としての農家や町屋、それらを形象化したのが利休の「茶」であり、また彼の草庵ふうの茶室なのである。そのなかには、一方に貧しさを能動的に克服しようとする生活の知恵から生まれる素朴な単純な表現と、生活のエネルギーが反映される健康な性格とをもっている。がしかし他方、貧しさを消極的に肯定しようとする感性的な弱さから生まれてくる技巧的洗練と、頽廃《たいはい》的な不健康さも内在させているのである。そうして、しだいにこの利休によって創造された茶室はその消極的な頽廃的な性格「わび」の方向に発展し、形式化して「数寄屋」とよばれる住居形式をつくり出してゆくのである。この「数寄屋」は、書院造りの発展であるが、その発展のなかに見られるものは、書院の農家ふう、町屋ふうへの展開であるとともに、書院の表現における「わび」的方向への展開でもあるのである。

桂の書院には、寝殿造りにいたる上層系譜の伝統である弥生的性格――静的な平面性、平板な空間性、そうしたエスセティクな形態均衡――をその基本的性格としてもっている。しかしその形式化を阻止し、そこに、躍動する空間性や、自由な諧調を与えているものは、他のものである。私はそれを下層系譜の伝統、縄文的とよんでよいところのヴァイタルなエネルギーであると考えている。

また庭のそこかしこの石組、また庭に点在する茶亭は、農民層住居にみられるような縄文的性格を秘めている。しかし、その生成的なエネルギー、奔放な流動性、未形成な形態感、均衡を失った破調といった縄文的性格に抑制を与え、秩序と形式とを付与しているのは、また他の一面である。私はそれを王朝的、弥生的伝統から来る諧律であると考えている。

この二つの系譜の伝統は、日本歴史上はじめて、この時期にこの桂でぶつかりあうのである。この上層文化の系譜と下層のエネルギー、弥生的な文化形成の伝統と縄文的な文化生成のエネルギーとが、ここで伝統とその破壊として、ディアリケティクに燃焼しあうことによって、この桂の創造はなしとげられたとみてよいだろう。ここには伝統と創造の論理が貫徹されている。

伝統は、そのものとして、文化創造のエネルギーとなることはできない。伝統はつねに形式化への危うい傾斜を内に秘めている。伝統を創造に導くためには、伝統を否定しその形式化を阻止する新しいエネルギーがそこに加わらねばならない。伝統の破壊がなければならない。

しかしまた、伝統の破壊だけが文化形成をなしとげるものではない。その破壊のエネルギーを制御し、規制する形式的な何かが必要である。

伝統と破壊のディアリケティクな統一が創造の構造である。日本の歴史において、庶民層の文化形成のエネルギーは――その根底に私は縄文的なものをみているのであるが――日本の絶対的な王朝権威のもとで、彼らの日々の労働と生活のなかに閉じこめられたまま、前歴史時代の狩猟期のあとは、歴史の表面に文化として現われたことはかつてなかった。室町から江戸初期のあいだに、農民層から町衆にいたる新興のエネルギーが、市民社会の形成をめざして下剋上してくるのであるが、またその発芽は、徳川幕府の絶対的な専制体制とその後三〇〇年にわたる鎖国政策によって抑圧され、萎縮してしまう。

当時、町衆の生活を貫いた思想とその表現が、「わび」、「さび」といったものでしかありえなかったというのも、このような抑圧のなかにおいてであった。その「わび」の境地は、もともと農民層や町衆の素朴で健康な生活と労働のなかにこめられた生命力に　真なるもの、美なるものの原型を求めたものであったのであるが、しかし、利休が「さび」の風体を枯木から咲きでた花にたとえ、雪国から芽ばえる春の草とみたて、また「わび」の風体を冬木であるとし、かれかじけた心境だとみているように、それは閉じこめられた生命力、裏がえしにされた生命力でしかありえなかったのである。ここに近世初頭に、市民革命が十分に成立しえなかった不幸な日本歴史の限界が示されている。

桂の創造は、この歴史的な制約の限界ぎりぎりのところで、上層の系譜の伝統形式と、庶民層の文化生成に向かうエネルギーとが、ぶつかり燃焼してなしとげられたのであるが、しかしその後、再びその炎は歴史の底に消え去ってしまう。桂の成立の寛永の時代が、徳川三〇〇年の鎖国の令がしかれた年であったということは、**またきわめて暗示的である。**その後、この三〇〇年のあいだ、庶民層の生き方をささえた思想が「風流」の境地であったということも、また抑圧と停滞の世相をよく示しているのである。これは文字どおりにいえば、風のままに流されるということであって、自己の置かれた状況をすべて宿命的なものとみて、その動きにともなって、自己を流してゆく態度である。これは俳句という日本独特の民衆詩の形式のなかによく現われている。十七文字からなる一つの美的、感性的形式のなかに自己の認識や感情を投げこんで、自己満足を味わい、自己を外界にぶつけるという積極的行動を否定してしまうのである。ある有名な時代の詩人は「日本人にとって、俳句はいったんその味をおぼえると、ぬきさしならずに引きずりこまれて、肌身についた伝統の詩魔に魅せられてしまい、一切の積極的行動意識を無くしてしまう」と言ったが、これが風流の世界である。一例をあげよう。狭い庭先にかけられた、竹であんだ小箱に、夏虫——これは初秋から出はじめる——をいけどりにして、その音を聞いて、ああ涼しい、と思う心境である。これは暑さを克服することではなく、暑さからの感性的な逃避にすぎないのである。これが「風流」の世界である。

日本の歴史のなかで、私たちは多くの変革の時期を経験している。その変革をになった革新的な人たちの積極的な姿勢には私たちを鼓舞するものがあるはずに違いない。そうして現代の歴史家たちは鼓舞するようなものを伝統の姿勢のなかに求めようとしてきた。しかしそれを私たちは過大に評価してはいけないのである。いつの変革の時期のあとにも、そのような革新的な人たちの積極的な姿勢は、「もののあわれ」に回帰し、また「すき」、「さび」に、そうして「わび」にまた「風流」へと回帰してくるのである。そうして変革はつねに不徹底なものにしかなりえなかったのである。

この「もののあわれ」から「風流」にいたる伝統は、今日、私たちの内部にまで届いているのである。ここからデカダンスへの距離は一歩にすぎない。

私たちは無自覚のうちに、私たちの内部にまで届いているところの、このような伝統を自覚に高めてゆかなければならない。このような伝統の現存を認識することが、それの克服を可能にするのである。伝統の克服とは、外部にあるものの克服であるとともに、それよりもまず、自己の自覚であり、自己の克服なのである。

私たちが、現実に対決するとき、「もののあわれ」――「風流」の伝統が、ひろく人びとのあいだの生きかたの根底にあり、また、その生活にまつわりついていることを感じるのである。

このような根づよい伝統は、どのようにして形成されたのであろうか。日本の水田による農耕という生産方式から生まれてくる自然観であるともいえるであろう。また、この国の長いあいだの専制的な社会制度によってゆがめられた社会観であるとも言いうるのであろう。あるいは、風土的なものであると宿命づけてしまうこともできるかもしれない。あるいは貧困さにその責を負わしてしまう人もあるだろう。

しかし、ここで、私たちにとって問題なのは、次のようなことなのである。

日本が明治の社会的変革を行なうことによって、古い制度的なものを捨て去り、鎖国を解いて西欧の文明に接し、それを移入したいわゆる明治の文明開化も、この伝統の根底をくつがえすことができなかった、ということなのである。

芸術創造の領域において、その時期に私たちは、西欧の自然主義を学びとった。しかし、それを、主情的な自然主義に置きかえてしまったのである。形式的には自然主義を模倣しながら、その内容においては「もののあわれ」――「風流」の主情から一歩も発展しなかったと言いうるのである。自然を科学的・技術的に克服してゆくという過程のなかで生育した西欧の自然主義とは全く異なったものに変容してしまったのである。自然の一隅に自己の主情を反映させた写生画、現実の身辺的現象を主情的にうけとめた私小説として、日本にうけつがれたのである。

このような主情的自然主義は、単なる芸術創造の姿勢であったばかりでなく、広く日本の人たちの生き方、現実認識の仕方そのもののなかに、まつわりついていたのである。伝統は、現実そのもののなかにしのびこんできているのである。民衆の文化形成のエネルギーと生命力も、絶対的な王朝的権威と、絶対的な将軍の権力という二重の抑圧のなかでは、つねに萎縮し裏がえしにされてしか歴史の表面に現われてくることがなかったのである。

二重の抑圧を強いられてきた民衆のエネルギーがそこから解放されるまでには、二千年の歳月を必要としたのである。現在、まだ十分とはいえないまでも、民衆の生命力は解放されはじめた。この解放は、しかし、現在、混乱と無秩序を呼び起こしている。しかし、この解放されたエネルギーが、日本の伝統を新しく創造に転化させる大きな力となるだろうということを、私たちは信じて疑わない。

（一九五六年六月）

3　現代建築における創造の姿勢

日本における現代建築の展開のあとを見るときにも、この現実認識における伝統的なもの、創造の姿勢における消極的宿命観のようなものが無自覚のうちに、建築家の内部に巣食っていることに気づくのである。

西欧における現代建築の展開と、日本におけるそれは、もちろん無縁ではない。まず、これらの展開のあとをたどって見なければならないであろう。

日本における現代建築の展開は、ここ三〇年来のことである。三〇年前、日本の一部の建築家たちによって、分離派の運動が導入されたが、しかし、日本の現代建築の運動は、ル・コルビュジエやワルター・グロピウスと「バウハウス」からの直接・間接の影響を受けたときからはじまったということができるのであろう。それは約二〇年前のことであるが、不幸にも、その当時、日本の社会的、経済的状況は帝国主義の傾向を強くもっており、建築活動において、ハウジングとか、学校や病院やその他の社会施設や、また公共的建築の建設はほとんど停止しており、また国民の建築にたいする関心もほとんどなかったといってよい。そのために、現代建築の運動は現実の地盤の上に実るという機会をほとんどもつことができず、ただ一部の進歩的建築家の実験的な試みとして、行なわれたにすぎなかったし、しかも、その実験も、現実とは何のかかわりあいもない全く別の世界での実験に終わっていったといってよいのである。

日本における現代建築の展開は、正しい意味で、この第二次大戦のあとの、国土の荒廃からの再建の途上にはじまったのである。この途上では、国民の社会的要求としてのハウジングやその他の社会施設、または公共建築の建設が必要となってきたのである。しかし同時に、畸型的な経済復興のために商業的投機の要求から、多くの投機的建築が建設され、それが、真に国民が要求する建築の建設を阻害してきたのも事実であり、とくに国民のもっとも強く求めているハウジングは間に合わせ的な再建となってしまったのである。

このような状況に置かれてはじめて、建築家たちは、建築創造を通じて、現実を認識する機会をもったのである。そうして、この現実の地盤の上に、現代建築をいかに定着させてゆくべきかという課題を自覚しはじめたのである。ここには、前機械時代のものと機械的なもの、日本的な生活様式と西洋的なもの、停滞と進歩、これらの相いれないものの矛盾のなかにある深い淵や、また一方から他方への推移の困難さにぶつかったのである。

建築創造を通じて行なわれる建築家の現実認識が、一つの転機にぶつかりつつあるということは、しかし日本だけのことではなく、広く世界的なことである。この世界的な転機を見ることなしには、また日本の問題を明らかにすることもできないであろう。

世界的視野で現代建築の展開のあとを見るとき、そこに二つの点が指摘されるであろう。

それは一方において、その表現形式あるいは視覚言語の抽象的普遍性への方向、いいかえれば国際主義化の方向である。これは他の領域——絵画や彫刻、さらにインダストリアル－デザインにも見られる共通の現象である。これは現実にたいする抽象的認識にもとづいている。そこで考えられている人間は、全く生物的、抽象的な人間であって、現実に働きかけ、また生活しているところの人間ではない。そこでは、現実に生きるところの具体的な人間像が見失われていたのである、といってよいであろう。

他方において、その創造の方法における、個別的＝特殊的、個性的＝主観的傾向である。さきにのべた抽象的普遍化の傾向と全く相いれないような、このような傾向が、しかし現代建築といわず、絵画、彫刻、文学のなかに同時に現われていたのである。絵画や彫刻における社会的テーマの喪失、自我の無制約な主張、密室における主観的心理の表出、このような社会性を喪失した主観的表出は、この現実に生きている人間に訴え、共感を呼びさますことはできないのである。もっともわかりやすい普遍的な視覚言語によりながら何を語っているのか、人びとは知ることも知ろうとする関心ももつことがないのである。現代建築における機能主義的方法にも、これと類似の特殊化・個別化の傾向が強く現われている。生活現象の個別的、偶然的な様相に対応して建築空間を構成してゆこうとするような傾向は、素朴な機能主義のなかに、しばしば見られるのである。

そうしてまた、これらの傾向のなかで、建築における作家主義の極端な傾向が現われているのである。

この一方における表現形式の抽象化・普遍化の傾向――これの形式化したものがモダニズムのもっとも明らかな傾向をなすものであろう――、また他方においてその方法における個別化・特殊化の傾向、これは素朴な機能主義に見られる傾向であるが、この二つは、全く相反した傾向のようでありながら、じつは、一つのものの両面であるということができるであろう。

これはともに、一つの現実の認識の仕方から生まれてきたものであるといいうるのである。

しかし、この戦後、世界の建築家たちは、このような現実認識を反省し、さらに、それを深め、高めざるをえない現実に遭遇しはじめたのである。このことは日本にとっても、またすでに触れたように、同じなのである。

それは、人間は、決して世界的に普遍的でも一般的でもなく、また抽象的でもなく、具体的にそれぞれの現実のなかに生き、また現実に働きかけるものであるという認識である。

また一方、人間は、自己の密室のなかに個別的に生きているのでもなく、また個々の生活現象の特殊なすがたが現実に生きる人間の反映でもなく、人間はともに相たずさえてこの現実に働きかけ、この現実に生きている、という認識である。このような認識の深まりは、世界の現代建築の動きのなかで地方主義とか風土主義とか新経験主義とか、あるいは伝統主義といったかたちで現われてきたのである。それらは、広い意味で、リアリズムへの傾向をたどるものと見てよいであろう。

ソーシャリスト・リアリズムは、建築創造において、またその方法において決して実りゆたかなものではなかったし、また幾多の誤りを犯してきたのである。現実を発展的に認識しないで、むしろ停滞として認識したと同時に、建築を表現的にとらえて機能的なものを十分に発展させなかったこと、むしろ建築の建設が、現実の経済的、社会的要求に応えながら、しかも現実を変革してゆくものであるという機能的、生産的側面を軽視したことは、このような現実認識からきた誤りであるといえるであろう。さらにこの現実認識を建築創造を通して行なうことをしないで、むしろ観念的な認識にとどまっていた誤りであるともいいうるであろう。このような誤りにもかかわらず、ソーシャリスト・リアリズムは、すでに述べた現代建築のリアリズムへの傾向を促す歴史的役割を果たした点を、否定し去ることはできないのである。

日本のこの戦後の動きの中には、このような現代建築の世界的展開のなかで、モダニズムへの形式化と、リアリズムの宿命論的受けとりかたとが、現われてきたのである。

建築家たちは、新しく来るであろう未来を夢みて、この現実に対する深い認識もなく、生活の近代化や技術的進歩を夢みた。このなかにはこの社会における生活と技術の停滞を打ち破ろうとする健康な前向きの姿勢がひそんでいることを否定し去ることはできないのであるが、多くの場合、現実の抵抗にあって、しかもその抵抗を自覚してうけとめることをしないで、この社会における生活と技術の停滞に、真正面からぶつかってゆこうという姿勢ではなく、そこから身を引いて、生活の些細な現象を近代化するための生活技巧の探求や、技術の一般的停滞のなかで技巧だけを探求してゆくという趣味的傾向が、しだいに現われてくる。

この傾向はモダニズムへの形式化であるといえるであろう。ここでは伝統が問題になっても、技巧的、趣味的に受けとられてしまう。最近における日本の伝統的建築にたいする世界的注目のなかには、このような傾向がひそんでいることに私は気づくのである。ここでは日本の建築的伝統はモダニズムとの技巧的、趣味的類似のために過大に評価されているのである。さらに、それに迎合しようとする日本の建築家のつくるジャポニカースタイルには、このことがもっとも明らかに現われているのである。

このようなモダニズムへの形式化と、その畸形的な落とし子の一つであるジャポニカースタイルをささえている建築家の創造の姿勢には、「もののあわれ」から「わび」への日本的伝統のかげりが濃厚にただよっているのである。それは強くデカダンスへの傾斜を含んでいる。

そうして、このようなモダニズムは、この社会の投機的な頽廃的な商業的な建設の領域で、もっともうけいれられているのである。

他の建築家たちは、将来に対する希望をもつことができず、この現実の社会のあるがままの肯定から出発している。そこでは、現象の統計的、平均値的な評価、調査主義が彼らの現実認識をささえている。彼らにとって、この現実は宿命的なものなのである。そこでは、この現実の生活のなかにある伝統的な生活様式、あるいは伝統的な好み、というものもそれがただ多数のものであるという点で、それを無批判に肯定してしまう。そのような伝統的生活様式や好みをむしろ現代に生きている伝統として、何の見さかいもなくすべて高く評価してしまうのである。

彼らは現実の現象のなかには、まだ萌芽的にしか現われていないようなもの、しかも、前向きの正しい発展をそのなかに含んでいるような萌芽的なものを取りだして、さらにそれを積極的に押し進めようとすることを決してしない。現実を発展として認識しないのである。彼らはまた建築家の創造的な役割を、すべて作家主義の名のもとに否定しようとする誤った傾向をもっている。現実を発展させてゆく主体的な人びとの力を信ずることができないで、つねに宿命的に現実にあるがままに肯定してゆく日本的伝統を無自覚のうちに踏襲しているといってよいのであろう。またそれは、リアリズムの日本的形態であるといってもよいであろう。このような傾向は、日本の官僚主義とアカデミズムのなかに強く現われており、公営住宅の建設や建築研究者層の調査主義のなかに反映されている。

私たちは、日本の現代建築が、一方においてモダニズムへと形式化し、凋落《ちょうらく》しつつあり、他方、宿命論的リアリズムに膠着《こうちゃく》しつつあるからといって、その健康な前進的な発展の芽がそこにはないと考えてはいけない。

むしろ、モダニズムを否定するあまり、現代建築が果たしてき、また果たしつつある健康で前進的な役割までをも否定しようとするような宿命論的リアリズム陣営の論議に、私たちは賛同することはできない。また建築家が創造的に果たしてきた役割を、すべて作家主義の名のもとに否定し去ろうとするような論議を打ちこわさなければならない。さらに一方、この宿命論的リアリズムを否定するあまり、現代建築のなかに生まれつつあるリアリズムへの傾向の歴史的役割と、その必然性を否定するような論議にも、また建築家のなかに生まれつつある協同態勢や建築家の民衆への接近の傾向を否定して、建築家の無軌道な個性の表現こそ建築家の創造的役割であると信ずるようなモダニズム陣営の論議に賛同することはできないのである。

私たちは、この現実に働きかけ、それを発展させつつある人びとの歴史的役割とその力を認識することによって、この宿命論的リアリズムを克服することができる。そしてまた、とくに日本の場合、伝統のなかに流れつづけている「もののあわれ」的宿命観を、私たちの創造の姿勢とその表現からぬぐい去り、健康な前向きのリアリズムの立場を自覚することができるのである。

このような立場にたってはじめて、私たちは、現代建築が獲得してきた方法的成果を、幾多の誤りや形式化にもかかわらず、そのなかにある健康な芽をつみとることなく、さらに発展させてゆくことができるのである。また日本の伝統のなかで、健康な生活の知恵が、歴史的に創造し獲得してきた方法的成果を、発展的に継承してゆくことができるのである。

（一九五六年六月）

4　創造の方法——日本建築にあらわれた典型

近代主義的、機能主義的建築における方法論は、ある特殊な生活または生活現象のある一つの抽象的分析を基礎として、逆にそれによって構成された空間をもって、現実の生活を規定するという主客転倒の立場をもっていたのである。それに対して、そこに住まい、また働く人の側から、それは生活の制約である、とする批判がしばしば向けられているが、そこには、むしろ聞くに値するものがある。

そのようなものに比べるならば、民家などは、日本のものにしても、あるいは西欧のものにしても、それぞれ隣の家もまたその隣の家も、同じ空間構造をもっているのであるが、しかし人びとはそれを自由に使いこなし、住みこなして、制約をさほどに感じないのである。そこでは人間はあくまで建築の主人であり、建築は人間の自由のために奉仕している。多くの場合、このような民家は長い歴史の過程のなかで、人びとが建設的な姿勢をもって、またそのなかから生まれてくる健康な生活の知恵をもって創造してきたものであって、これは民衆による集団的構想力が創りだした一つの典型的空間形象である、といってよい。

つまり、展開しつつある現実の生活構造を、一つの空間組織に、典型的に反映させているものといってよい。

このような典型のなかに、現実生活の発展性・多様性に対応して、それをたくみに反映し形象化しているものがある。

典型化とは宿命論的リアリズムが考えるように、現実の発展性を静態的に抽象化することでもなく、また現実の多様性の平均値測定や最大公約数の設定でもなく、それは、発展性を前進的なもののなかに、多様性をその本質的なもののなかにとらえるところのものである。であるから、典型的なもののなかには、つねにその創造に参加した人たちの現実認識、世界観が反映されているのである。つまり何を本質的なもの、前進的なものとみるかという思想が反映されるのである。

この建築創造における典型化の過程においては、現実の発展性・多様性は、その量的和でも、量的平均でもなく、そこで質的転換による昇華が行なわれるのである。この質的転換の過程において、機能的なものと表現的なもの、物質的なものと芸術的なものが、統一的に形象化されるのである。

ということは、つまりこうである。現実における推移性・多様性をもつ生活現象におけるそれぞれの機能が、それぞれに美しいのではない。前進的な立場でとらえられた本質的な機能、典型化された機能が、美しいものの可能性を含んでいるのである。

現実を克服する姿勢で生きる人には、みさかいもなくあれもこれも美しい、と観照されるのではない。その人たちは、主体的に、そのなかから、一つの方向を選ぶ。

機能主義のいう「機能的なものは美しい」というテーゼは、次のように修正されねばならない。「歴史的に機能的なものの典型は、また同時に歴史的な美の理想と一致する可能性をもつものである。そうして、そのような典型的機能と美の理想の一致する形象を発見すること、これが建築における創造であり、またこれは典型化の方法によって可能となるのである」と。

このような典型化という創造の方法と、そこから創り出された型は、日本の伝統のなかで巧みに獲得されている。もちろん、すでに触れたように、日本の伝統のなかに流れつづけている創造の姿勢と、それにまつわりついている表現には、私たちが克服し、否定し去らねばならないものを多くもっている。このような消極的姿勢を克服し、否定することによってはじめて日本の伝統のなかに獲得された方法、あるいはその方法的成果、つまり型を、創造的に継承してゆくことができるのである。そうしてまた、そのような健康で前進的な姿勢に立って、その方法をさらに発展させながら創造が行なわれるならば、そこに生まれる形象には、古い弱い表現を否定した、新しい健康な表現が獲得されるのである。

建築空間と生活構造の典型的対応、これは日本建築の伝統が獲得してきたところの貴重な方法的成果の一つである。木造の柱―梁構造と、畳、ふすまなどによって、技術的に可能な限界ぎりぎりのところに、農家にみられる田の字型プランや町家にみられる通り庭式プランなどの空間組織の型の成立をみることができる。これらは、ある特定の家族の必要によって生まれたものではない。農家や町家における歴史的な生活構造が、本質的に、また発展的に形象化されたものである。それだけに、この普遍的な型のなかに、特殊性や多様性を内包しているのである。生活構造と空間組織の典型的対応の成就として、その歴史的時点において高い価値をもつものである。また空間の分割を固い壁で行なうことをしないで、動く壁として考えたということは、貧しさの中で、生活の豊富さを獲得しようとして生まれた当然の手段であった。フレキシビリティはこうしたところに成立したのである。技術的にはこの動く壁をふすまとしてしか解決できず、プライバシーを十分には獲得しえなかったという限界をもっているのであるが、私はこうした住居のなかに、貧しい人たちの、貧しさを克服しようとする姿勢でとらえられた生活の知恵を見いだすし、こうした空間表現のなかに、健康な素朴さを感じることができる。

しかしこうした空間が、流動性とか開放性といった表現として形式的にうけとられる場合――それは生活との闘いを知らない貴族たちの住居に、より洗練されたかたちで形式化されるのであるが――、そこには「もののあわれ」から「わび」「さび」にいたる消極的姿勢が感じられてならないのである。

現代建築にも、いくつかの空間の典型が生まれつつある。空間の流動性とか、開放性として、それは表現的に受けとられている場合が多いのである。ある場合には、機能の歴史的意味や現実的存在理由をも捨象したような、抽象的空間、均質化された空間にたいする傾向さえあらわれている。日本の建築的伝統が獲得してきた空間の典型化への方法的成果は、そのようなものとの表現的類似をもって評価されるならば、その発展の芽はつみとられてしまうであろう。単にはかない、うつりやすい、か弱い表現にたいする好みや、また畳がもっている趣味的表現にかかわりあっているあいだは、この方法を発展させることはできないのである。

現代における典型化への道は、この日本の現実の貧しさを克服してゆこうとする前向きの姿勢において、いいかえれば、日本の伝統的姿勢を否定し、技術の停滞に甘んじることなく技術をさらに大胆におしすすめるような姿勢に立ってはじめて可能であり、また伝統のなかにあった典型化の方法も、現実を克服するための積極的な方法として、さらに発展させてゆくことができるのである。現実生活の発展性・多様性に対応する積極的な方法として、空間の融通性、規格化された互換性、無限定性が、空間の典型化の方法的成果をなすものであって、それは現実の捨象から生まれる抽象的空間でもなければ、開放的表現とつねに対応するものでもないのである。そうして、現代における空間の典型化に接近するためには、大スパン架構によるスパンの克服や、ユーティリティーコアによる自由空間の獲得などという技術的方法を、さらに大胆におしすすめ、より豊富にしてゆかねばならない。このような前進的姿勢において、はじめて伝統のなかにまつわりついていた、はかない、弱い――場合によってはデカダンスに通じる――表現を克服して、より健康な表現を獲得することができるのである。

建築空間と風土との典型的対応は、日本の伝統のなかで、ひさしと縁と障子として形象化されてきたのである。これも同じように、技術史的停滞のなかで形式化された方法であり、その表現には、日本の伝統である消極的な姿勢からくるかげりをただよわせているものがある。

しかし、それは、また長い歴史的過程で、生活の貧しさを克服してゆこうとする生活の知恵が創造してきた方法的成果である、という側面を否定してはいけない。

現代建築における空間と風土との対応の方法的成果のなかには、これと類似の方法を見いだすことができる。環境調整としてのルーヴァ、ブリーズ－ソレイユなどの方法である。このなかには健康な人間的要求が含まれているとともに、すでに形式化された技巧的側面をも同時に含んでいる。これは再び日本的建築との形式的類似のために、それを趣味的にうけとめたり、またそれを公式的に反発したりすることからは、なんらの方法的発展を期待することはできないのである。

ひさしと縁と障子という日本の伝統がもっている方法的成果は、その創造にまつわりついている消極的な姿勢やその表現を否定し、むしろ技術の停滞をうち破り、それを大胆におしすすめるという姿勢において、はじめて、私たちの手で、創造的に継承されることができるのである。

空間組織と社会構造との対応において、日本の伝統は、現代においても積極的な意味をもつような方法的成果をとどめてはいない。多くの場合、日本の建築の開放性は、家族の内部における開放性であって、社会にたいしてはつねに閉塞的であって、家族と社会との構造的関連は、高い塀と門によって象徴されていたといえよう。西欧におけるような、アゴラ——社会的なものの萌芽的形象である——の伝統をもたず、社会と家族とのあいだには深い断絶があった日本の歴史的、社会的形態に、それは由来しているといえるであろう。現代建築において、建築と社会との構造的つながりを典型的に反映しつつあるピロティの伝統——それはアゴラにおけるストアやピアッツァをとりまくコロネードに示された西欧的伝統であるといえよう——を、私たちはもっていないのである。

しかし現代、私たちは、このピロティを日本の現実のなかで、社会的な意味において、さらに積極的に発展させようとしているのであるが、それを日本建築の湿潤な風土との対応から生まれた高床式住居との形式的類似によって、それとピロティの本質的な意味を混同してはならない。

ピロティによってその一例を示した建築と社会との構造的つながりの問題は、もっと一般化していえば、建築と都市とのつながりの問題である。私たちの言葉でいう内部機能と外部機能、私的空間と社会的空間を構造づけ、組織づけてゆく方法、つまりアーバン・デザインへと新しい地平を展開してゆくものである。

私たちの現代の問題は、つねに伝統にかかわりあうものではけっしてないし、むしろ、私たちのこの現実のなかに問題が横たわっているのである。しかし、伝統は無自覚のうちに、私たちの内部に、また現実に届いていることを認めないで素朴に伝統を否定する態度は、真の意味で、伝統の否定にも克服にもならないのである。

私たちは、このような意味で、まず、この伝統を自覚にもたらさなければならないと考えたのである。そのとき、私たちは、私たちの今までの建築的実践において伝統のうちにある創造の姿勢を、無自覚のうちに私たちの作品の表現にただよわせていたことにも気づき、それを克服したいという積極的な立場に立ちたいと考えるようになったのである。それと同時に、私たちが十分に発展させうるような健康な方法的成果が、日本の伝統のなかにあり、またそれはこの現実の生活のなかにもあることを気づかずにいたことも、また知ったのである。

私たちの現代建築における方法の発展は、単に、伝統のなかにある方法の発展であるのではなく、この現実と建築的実践をぶつけあうことによって発展させられるものである。だがしかし、現実の生活のなかに届いているところの、伝統における方法的側面を単純に無視することは、出発点としてはリアルな立場ではないこともたしかであろう。

私たちのチームのメンバーは、日本における現代建築の方法的発展の方向を見さだめてゆき、そうして、それを今後の作品創造において実践的にとらえてゆきたいと考え、私たちのいままでの設計活動や、その作品を対象として、徹底的にそれを批判し、反省したいと考えたのである。いいかえるならば、私たちは、その建築的実践を通じて、いかに現実を認識してきたか、またいかに現実を認識すべきかという問いを自らに課したのである。このようなかたちで行なわれたメンバーの討議の報告は別稿「方法論定着への試み」として発表されている。

（一九五六年六月）

5　美的なものと生命的なもの

はじめにCIAMのおいたちについて簡単にふれておきたい。一九世紀から二〇世紀の初頭にかけて、大きく変貌しつつあった文明形態と社会構造のなかに、矛盾と問題を認識し、それを克服するために、近代建築の方法論を創造し、さらに その方法をもって 現実に挑戦してきたル-コルビュジエや、グロピウス、さらにギーディオンらの建築運動が、一つの核に集結されたものとして、一九二八年にスイスのラ-サラで行なわれたCIAM-Iの会合を歴史的に意味づけることができるだろう。

一九二九年にはフランクフルトの会議で最小限住居が提案され、一九三〇年のブリュッセル会議につづいて一九三三年にはアテネでCIAM-Ⅳがもたれ、ここで、都市―建築に関する基本方針が統一されて、アテネ憲章として宣言されたのである。

現代都市生活の根源的な機能は、住まうこと、働くこと、楽しむこと、それらを結ぶ交通、という四つから成り立つことを明らかにし、とくにそのうち、住居が都市のもっとも重要な基本的なものであることを指摘し、住居は人間の最低生活を保証するために必要であることが提示された。初期資本主義社会における都市において、封建的都市の残滓《ざんさい》を引きついだまま、無視されてきた大衆の住環境の重要性を問題として意識したところに大きな意味があった。彼らは住環境の変革を通して、都市と大衆のあいだの新しい関係をうちたてようとして戦ったのである。セルトとティルーコルビュジエはすでにはやくから「輝ける都市」のイメージを提案していた。ルウィットは一九一七年にアテネ憲章に示された態度と方法をもって、現代都市の内部の矛盾をあばきだし、「はたして、われわれの都市は生きながらえうるか Can our city survive ?」という報告書をまとめた。

近代建築の創始者たちは、現在ではすでに世界中で常識になっているように太陽と緑と空間のなかに建設されていく住環境をみて、感慨深いことであろう。しかし今から三〇年前、それは彼らにとっては理想であり、大衆にとっては眠っていた希望でしかなかったものなのである。

第二次大戦後イギリスのブリッジウォーターでのCIAM-Ⅶで、新しい問題が発掘された。アテネ憲章が指摘した都市を構成する四つの要素には何かが欠けている。それはそれらの機能を一つの有機的統一体たらしめているもの、コミュニティをコミュニティたらしめているもの、それは都市の心臓でありコアである。そうしてコアの問題は一九五一年ロンドン近郊のホデスドンで開かれたCIAM-Ⅷの中心議題となった。

当時すでに大都市では、郊外へ郊外へと市民は外延的にスプロールしようとする傾向が現われており、都市を有機的に統一しようとする紐帯が失われ、市民意識が個々に分解していこうとするサバーバニズムの傾向にあった。この問題提起は、それにたいしてアーバニズムを再びとりもどし、都市を有機体として再生するために、都市の心臓部を現代的に再建していこうという運動であった。グロピウスはすでに戦後早くからコミュニティの再建を論じ、そのコアの重要性を説いていた。ル-コルビュジエらは国際連合の建築計画を都市計画的な配慮のもとに、都市のコアの一つの要素として提示していた。そうしてCIAM-Ⅷの会議には、シャンディガールの計画が提示された。また、この会議では都市コアの歴史的な再検討から、都市におけるコミュニティ構成の問題、そのハイアラーキーのことなどが論議された。この報告は"The heart of the city"として、ティルウィットによってまとめられている。このときには、日本からは前川国男・吉阪隆正が参加した。私も広島の中心地計画を提示して、参加した。

ここで行なわれた問題提起が、その後の都心再開発にたいして、大きな指針と影響を与えたことを否定することはできない。また都市における文化的、公共的建築がコアの重要な要素として、現代建築における大きなテーマの一つとしてでてくるようになったのもその後であった。

私はこの時期までのCIAMの運動を、そのもっとも生命力のあふれた、創造的な時期であったと見てよいと考えている。その前後から今日にいたる時期を、ジャージィ-ソルタンがいみじくも次のように言っている。近代建築を闘いとるという生命的な意欲はすでに失われ、今は二〇年前まではアカデミックあるいは古典派だった人も、すべてがいわゆる近代建築家である。かつてのCIAMは外の敵と戦わなければならなかった。それにひきかえ現在のCIAMの戦いは内に対して始まっている。そのなかから健全かつ正常なものを発展させるという目標は、かつてのCIAMの目標のように鮮明なものでも、はなばなしいものでもないが、これこそ私たちが直面しなければならない問題なのである。

一九五六年ユーゴスラビアのドゥブローヴニクで開かれたCIAM-X――これには吉阪隆正、河合正一が参加した――にあてて、ル・コルビュジエは次のような手紙を送った。「第一次大戦とその後の革命的時期、ほぼ一九一六年ころに生まれた四〇代の人びと、またその当時は生まれてはいなかったが、第二次大戦の準備期、経済的、社会的そうして政治的に深刻であった危機のただなかに、ほぼ一九三〇年ころに生まれた二五歳ほどの人びと、それらの人びとこそ、現実と、向かうべき目標、それに達する方法、要するに現状況の悲壮な緊迫感を、深く身に感じることができる人たちである。彼らの先駆者はすでに去っていく。なぜなら彼らはもはや、現状況の直接的な衝撃をうけて立つ主体でありえなかったからである。」これをもって古いCIAMは終焉した。

これはル・コルビュジエたちが、次の世代になげかけた不信なのか、あるいは期待なのか、私は判断に苦しんでいる。おそらくその双方の気持が複雑にからまっていたに違いない。私は、一九五九年の新しいCIAMの第一回の会合に出るまえに、パリでル・コルビュジエに会った。そのときにうけた印象からいえば、その双方の気持が複雑にからまっていたに違いないと思われた。

新しいCIAMの発足の準備はCIAM-Xで選ばれて再組織委員となったバケマらが中心となってなされたのである。これは、CIAM― group for research into social and visual relationships と名づけられ、その第一回の会合は一九五九年九月オランダのオッテルローで開かれた。それは、今後に問題をなげかけているとみられる建築家たちを選び、お互いの作品を持ちより、それらを討議するなかから次の問題を導き出そうという意図で開かれたものであった。会議には世界から約四〇名が出席し、そこの Kröller-Müller Museum で朝から夕方まで、時には夜を徹して、論議が続けられた。それは、かつてなかったほどに友好的で、また刺激的なものであった。ここでは、とくにアーネスト・ロジャースを中心とし、ガルデラ、マジストレッティ、ジャンカルロ・デ・カルロの三人の若い建築家を含むイタリア・グループと、スミッソン夫妻たちのチーム・テン――他にJ・B・バケマ、アルド・ヴァン・アイク、ジョルジュ・キャンディリス、シャドラック・ウッズ、ゲイル・グルング、ジャージィ・ソルタンらを含む――との討議がほとんど共通の地盤を見失ったかのように平行線をたどってしまった、ということが印象的であった。この関係はついに、はたしてCIAMを存続すべきか否か、はたしてCIAMの名称を今後使用すべきか否か、という根源的な問題にまで発展してしまったのである。私はこれに対して、意見をのべる機会をたびたびもったが、改めて帰る前に次のようなメモをバケマに渡しておいた。それを多少補足して、ここでもう一度くりかえしたいと思う。

「私は新しいＣＩＡＭの組織についての個人的な意見を述べたいと思います。それは、私たちが、建築家・都市計画家として現在やっている活動とその責任の意味は何であるか、という問題を含んでおります。

私はこの会場に私たちの同志が発表しているパネルをみて二つの支配的な傾向があらわれている

ように思います。それはその哲学とその方法において、またその表現とそのテクニックにおいて、言えることだと思います。

一つの特徴的な傾向はこうだと思います。そこではこの現実は、単純な進行形として考えられております。現実は将来に向かって単純に動いている。あるいは一方向に回転していると考えられております。そうして、現在進行しつつある諸現象――たとえばモビリティとか変化とかいったもの――をそのまま私たち社会に与えられた秩序だと認め、かつ大衆の真の希望まで、そこにあるのだと考えて、それらの現象を単純に肯定してしまいます。一般にこの傾向のなかには、現象を進行形においてそのまま一面的に肯定しようとする、非創造的な態度が感じられます。また、成長と変化を現代に与えられた秩序と見たてて、個々の建築的要素は単に全体を構成する部分にしかすぎないものと考えるような、一つの概念が現われています。クラスターという手法などもその一つの現われだと思います。私はこの考え方そのものを否定しているのではありません。むしろ、この考え方は、一面的には正しさをもっております。そうして、この傾向はチーム－テンのなかにも多少現われているように思います。しかし、私たちがなさねばならないことは流動しつつあるものを含んだ安定、変化を含んだ秩序といったものを求めることにあるのだと、私は考えております。そうして大衆もそれを望んでいるのではないでしょうか。それには流動と安定という矛盾したものを秩序づけ、統一するという創造的な営みを必要とします。

起こりつつあるもの、進行しつつあるものの現象面をとらえて、それを秩序と見ることも、それを与えられた秩序だとして受けとることも、それらは現実的ではありません。現実は矛盾を含んで運動しております。そういった矛盾のなかに秩序を発見し、秩序体系を創造していくことが、私たちの課題なのだと思います。秩序とは与えられたものではなく、私たちが創ってゆかねばならぬものなのだと、私は信じております。もう一つの傾向は、極端ないい方をすれば人間を歴史的な存在として、現実を過去形で見る立場であると思います。そうしてそれをすでに出来上がった秩序体系と考えてしまうのです。この傾向の人たちは、現代の視覚言語さえ認めません。そうして地域的な、あるいは過去的な言語に従います。彼らは現実の運動も認めようとせず、また大衆も現実の矛盾と対決して、それを克服すべく、自分では知ってはいないが、しかし何か新しいものを求めているということを認めようとしません。これを私は宿命論的な、しかも形式主義的な現実主義とよんでもよいと思います。

率直に言って、イタリアのグループのなかには、この傾向が現われていると思います。多少補足いたしますと、ロジャースが言っているように、私たちの生活により密着した建築という点を、私は否定しようとは思いません。しかし彼がこの傾向こそより現代的である、と主張するとき、私はそれを肯定するわけにはいきません。現在、さらに現代的な問題が私たちの解決を求めております。それは技術体系と人間生存の対決から生まれてくるいろいろな矛盾であります。その解決なしには現代的という言葉は適当ではないと思います。

現代建築をイタリアの土壌と大衆のなかに定着させていこうとする努力のなかで、伝統への考慮が必要であったことを認めます。私たちも日本で、定着の運動の過程で、同じ方向をたどりました。その意味でロジャースが、彼らの傾向にもっとも近いものとして、私の作品を指摘したことは正しいと思います。そうして私の作品を弁護して、それは今日の建築に与えられた可能性を十分に開発しているとは思わないまでも、将来の発展を否定するようなものではない、といって、むしろトッレーヴェラスカにおける彼自身の立場を表明しているように思われました。

しかし、私はそのように消極的ではありたくありません。私は、リージョナリズムというものを地域が伝統的にもっている視覚言語をそのまま表現するというようには考えておりません——多くのリージョナリズムの信奉者はそうでしたが。このような単なる地域差といった事実が創造のエネルギーとはなりえないと思います。リージョナリズムを創造のレベルで考えるならば、むしろ私は、それぞれ異なった現実にある地域はそれぞれ異なった矛盾と問題をもっていますが、それらを克服しようとする立場からなされる創造には、やはり地域的な性格が現われてくるものである、という意味でリージョナリズムを考えたいと思っております。

私は、伝統はそのものとして持続することもできなければ、またそれ自身が創造のエネルギーとなることもできないものだと考えております。創造のエネルギーは、やはり現代の技術と人間であると思っています。むしろ技術と人間との対決における矛盾こそ、創造のエネルギーだと思います。ちょうど化学反応において、触媒がその反応を可能ならしめ、あるいは刺激しうることがありますが、触媒自身はこの反応のエネルギーとはなりえないし、創造された化合物のなかにはその痕跡をとどめません。そのように伝統も、触媒として創造の過程に参画いたします。

私たち日本の建築家も、現代の日本の現実における問題を解決しようとする努力のなかで、伝統にたいして相当強く考慮を払ってまいりましたが、いま私はここで言ったような結論に達したのです。しかしまた私の作品や私たち日本の一つの世代の作品のなかに伝統的な匂いが濃厚であるとすれば、それは私たちの創造がまだ十分昇華されておらず、その過程にあるからにほかなりません。そうしてそれはけっして私たちの目標としているところではありません。

私は、現実を与えられた秩序として受けとる立場――チーム-テンにおいては進行形として、イタリアーグループは過去形としてですが――を、美的態度 the aesthetic と呼びたいと思います。これらは、ともに、形式主義的であり、またスタイルにたいして意識過剰であります。いみじくも、チーム-テンの人たちは、みずからを open aesthetic とよび、ロジャースの立場を closed aesthetic とよんでおります。

このユートピア的楽観論と、逃避的宿命論の二つは、ともに現実の一面的な把握の立場であって、それらはともに、現代の現実である技術革新と人間生存との間の溝をますます深く引き裂く破壊的な役割しか果たさないと考えております。このCIAMの会議で、この二つの立場は、あくまで自己を主張したまま二つの極に引き裂かれてしまいました。それは現代の現実の矛盾をそのまま象徴しているようにもみえます。

問題は引き裂くことにあるのではなく、この引き裂くような力が働いている現実の矛盾の深みを直視することだと、私は考えております。それは象徴的にいうならば技術革新と人間生存とのあいだの矛盾といえましょう。それに橋をかけ、その間にダイナミックなバランスと秩序を発見し、創造していくことこそ、現代の建築家・都市計画家の立場だと、私は信じています。

矛盾こそ創造を生みだすバイタリティであります。このバイタリティは大衆のなかにもひそんでいます。それを視覚化し物体化する創造こそ、建築家・都市計画家の役割だと考えます。私は、このような立場を生命的 the vital と呼びたいのです。おそらくそこで創造されるものは、秩序と自由、安定と流動をともに含んだ有機的生命のようなものとなるでしょう。

しかし、現在、なお私たちは、私のいう the vital な立場の方法的内容を獲得してはおりませんが、それは率直な討議や相互の勇気づけのなかで、見いだしていこうではありませんか。CIAMをここで崩壊させることはやさしい。しかし私はそのような問題と方法の発見の場所としてCIAMを継続させていくべきだと考えております。それは先駆者たちが二〇世紀前半において果たした役割を、後半にたいする責任において継続していくことになるでしょう。

しかし、この新しいCIAMは、ヨーロッパ中心では世界的な運動とはなりえません。豊饒と商業主義のアメリカにも、真剣にそのアメリカの現実と闘っている建築家たちがいることを忘れてはならないと思います。また社会的な矛盾を日々、身近に感じながらも、その現実を克服しようと苦闘している、日本やアジア、アフリカの同志の参加もさらに必要だと思います。それらは、それぞれ違った現実の問題――克服してゆかねばならない矛盾――をもっています。ですから地域別のグループによる活動を母胎として、しかもそれらが相互に世界的視野のなかで、討議し、勇気づけあうことが必要だと考えております。いまは、せまい分派活動に分解していくことよりも、お互いの連帯感の上にたった批判と鼓舞が必要なのではないでしょうか。」

私は、この新しいCIAMが、先駆者たちが残してくれた遺産をただ消費するだけの放蕩息子の集まりであるのであれば、解散してしまった方がよいと思う。またこの先駆者たちの思想と行動を全面的に否定する立場にたつのだとすれば、同じくCIAMの名を用いるべきではないと思う。

しかし、先駆者たちが二〇世紀前半の現実と闘うことによってその方法を獲得し、その方法をもって現実を改造してきたように、二〇世紀後半の現実の矛盾のなかから、それを克服する新しい方法とイメージを獲得してゆこうとする立場において、私たちが結集することができるとすれば、CIAMという名をひきつぐに値するだろうと思う。そうして、私はそのような運動が展開されることを信じている。それは二〇世紀前半においてヨーロッパ中心であったように、後半においては世界的規模で展開されることになると私は信じている。

しかし、私や他の多くの友人たちが帰国の途についた翌月、残ったチーム-テンの人たちは、新しいCIAMの準備委員会の名で、これ以後CIAMという名は使わないという宣言を発表した。私はこのしらせをボストンで受けとった。私は残念だと思った。その数日後私はグロピウスとギーディオンとその話をしあった。彼らは淋しさをかくしきれない面もちであった。

（一九六〇年九月）

6 現代都市と日本の伝統——伝統の克服

現代都市は人間疎外的であるのだろうか

世界の都市化の趨勢《すうせい》のなかで、また日本もその一つですが、そういう都市化のなかで、過去の文化を破壊してゆくのではないだろうか、日本の文化的な伝統を破壊してしまうのではないだろうか、そういう問題が一つあります。

さらに、次の問題としては、はたして、そういうふうに世界が都市化してゆくなかで、あるいは現代文明のそういう発展の仕方のなかで、人間的な文化、人間的価値、あるいは人間性にもとづいた生活環境が新しく創造されうるのだろうかという根本的な疑問があります。いわゆる過去の文化を破壊するのではないかということと、将来の文化を建設しうるのかどうかということが、問題になってくるわけです。この二つの問題は、いずれも大問題でして、それにお答えすることはとてもできませんけれども、考え方のよりどころになるところを二、三申し上げてみたいと思います。

最初の問題、いわゆる現在の日本に起こりつつある都市化、あるいは地域開発、そういった開発事業のなかで、日本の文化的な遺産がどんどん破壊されつつあります。破壊されないまでも、環境を阻害しているような事件が、毎日のように出てきています。

その一つの例が京都タワーだと思います。京都タワーの問題というのは、みなさんご存知のとおり、駅前に高い大きな塔を建てまして、そこにお客を集めて、京都市内を見せようという、東京タワーと内容は似たようなものです。格好は違いますが。都市化過程の裏からの一つの現象です。一種の開発ブームのなかの、一つのできごとです。

それに対しまして、多くの文化人たちは大きな抵抗運動をしました。それは抵抗運動としては成功しませんでしたが、しかし、そういった運動を通じて、過去の文化の保存ということを意識するようになったという意味で、将来いい影響を与えるだろうと思っております。私も京都タワー建設には、反対の署名をしたひとりです。

古いものと新しいものの共存の条件

しかしよく考えてみますと、これも非常にむずかしい問題のように思います。京都とか奈良とか、歴史的に形成された伝統をもった町を、そのまま保存するということは非常にむずかしい問題です。京都の市民、あるいは奈良の市民の立場になって考えてみますと、昔から受け継いできた家にしても、あるいは商店にしても、それは不便で使いにくくて、うす暗くて、陰気でたまらないものだと思います。はたではどんどん近代的になっていくのに、自分のところだけはなぜ昔のままで住んでいなければならないかということを、考えられるにちがいありません。だれも、この人たちに向かって、おまえたちは昔のそのままの姿でいればよろしい、とはいえないと思います。新しくなろうと思うのが間違っているのだとはいえない。もちろん本質的に重要な意味をもつ古い建築、あるいは地域は、国家が保証して保存すべきだと思います。しかしそれと同時に、むしろ、新しいものと古いものとが共存する条件、共存してもそれがちっともおかしくないという条件をつくりだしてゆくべきだと思います。しかし、はたして古いものと新しいものが共存できるだろうか、とくにその共存の問題としてみる場合、日本の文化の伝統はなにか特殊性をもってはいないだろうか、世界の文化的な伝統と違ったものをもってはいないだろうか、と考えてみたくなる点があります。私は、それについて、二、三考えていることがあります。それについてお話してみたいと思います。

たしかに、ヨーロッパの街をみておりますと、古い伝統と現代の文明がりっぱに共存して、それほど不自然さを感じさせないでいる場合をしばしばみかけます。なぜ日本では、京都タワーが一つ建っただけで、京都の環境がそこなわれたり、奈良にコンクリートの県庁舎が建ちますと、すっかり奈良がこわされたということになってしまうのか。ローマなどは、新しい建築がどんどん建っても、ローマの古代文化の遺跡はちっともこわされない。心理的にこわされない。厳然として、りっぱに、古代ローマはローマとしての文化をいまなお現存させているわけです。なぜ、日本だけが何か一つ新しいものができるごとに、びくびくしなければならないか。その問題について、ちょっと考えてみたいと思います。

たしかにびくびくしなければならないような条件が日本の伝統のなかにはあったわけです。われわれの日常生活環境という問題にしぼって考えてみた場合に、日本の伝統的な文化というものに、私は二つの側面があると思います。

日本の伝統に現われたバラック性

その一つは、日本の文化一般にわたっていえることだと思いますが、実体のなさ、別の言葉でいえば、観念的といった性格が非常に強いということです。

ヨーロッパの街と日本の街とを比べてみますと、ヨーロッパの街は煉瓦造りか、あるいは石造りか、そういうもので出来ていて、堅牢《けんろう》な、こわれにくい、そうして長い年月に耐えるような姿で建っています。日本の街はかわらのようなものも使いますが、だいたい木と紙と竹で出来ています。たいへん弱々しい。風が吹けば飛びますし、地震ではこわれるし、火事ではすぐ燃えてしまう。そういうようなもので出来ているのです。

ヨーロッパの街では、ローマ時代・ルネサンス時代・ゴシックの時代といった、それぞれの時代の建物が伝統として残っていて、そのまま目の前に建っているわけです。しかし日本では、はたして目の前には何があるかと考えてみましても、現実的には何もないわけです。それを典型的に示しているのが、伊勢の神宮だと思います。伊勢の神宮は、千何百年来、昔のままの形を保存しているといわれています。しかし実は、今われわれがみる伊勢の神宮は、千何百年前に建てられたそのものではなくて、千何百年前につくられた形を継承して、二〇年に一回ずつ建てかえられているのです。形は残りますけれども、ものそのものとして残っているのではない。そういう伝統の継承の仕方をしているわけです。

ですから実体としての伝統ではなくて、実体の背景になるような形とか、観念とか、そういうものが継承されているわけです。それだけに一つ大きな問題があるように思います。

現代の文明は、実体の文明です。鉄にしてもコンクリートにしても、ガラスは割れますけれども、しかしガラスにしても、木や紙とは違った堅さ・丈夫さ・耐久性、そういったものをもって、それ自身長い年月に耐えて建ちつづけてゆきます。煉瓦造りの隣に鉄筋コンクリートの建物が建っても、ちっとも不自然でもなく、不釣合いでもなく共存できます。しかし木と紙の隣にコンクリートの建物が建ちますと、かなり質の違った感じを与えます。そういう意味からみまして、伝統的な文化と新しい文明との接触の仕方というのは、ヨーロッパの場合には、同じファミリーのなかでの違いですが、日本の場合にはまったく違ったファミリーとして、共存しにくい形を示していますが、ヨーロッパの伝統的な遺跡を、現在の都市構成のエレメントとして編入してゆくことはできますが、日本の場合には非常にむずかしい条件をもっております。これが一つの問題点であります。

この問題を、もう少し発展させて考えますと、建築とか、住宅とか、そういうものに対する考え方が根本的に違っているということに気づきます。ヨーロッパの伝統的な考え方では、家とか、住いとか、そういうものは自分の生活の根拠地でありますし、自分の生活の城です。ところが日本では住いというのは仮寓《かぐう》です。方丈——つまり一〇尺四方の小さな住いに——住んでいて、それを栄華だと感じるというような思想が広くあるわけです。あくまでも仮の住い、風や火事や地震がくれば、もろくついえるような、そういう仮の住いです。

しかし、こわれても、焼けおちても、その次の日にはさっそくバラックを建てます。それは今度の戦後の復興の仕方にもよく現われています。ヨーロッパでは、翌日からバラックを建てるということはしないようです。むしろ、ほんとうに半年なり一年なりは地下室に住んで一時しのぎをして、本格的な建築がされるまでは建てはじめません。日本は翌日からトタン屋根のバラックを建てて、そのなかに住んで、住みついてしまいます。日本人の建築に対する考え方には、バラック性といったものがあります。こうした建築をバラックと考える考え方は、日本の伝統的な文化の特質であると同時に、現在の日本の建築、とくに住宅に対する考え方の大きな特質だろうと思います。

日本の伝統における私性

もう一つ、日本の文化の特質は、私性というようなものではないかと思います。それは日本の文学についてもいえることだと思います。私小説というようなことが、文学の主流になっているような、また歌を歌っても、すべて私の心情以外何も出てこない。そういう私性というものが、日本の芸術一般にも出てきますけれども、われわれの生活の根底には、根強く私性があったように思います。その点が、日本の都市の構成の仕方とヨーロッパのそれとが、非常に違っているところです。

ギリシア時代の都市は、アゴラという市民の広場を中心にしてつくられていました。毎日市民はアゴラに集まって、話し合ったり、哲学を論じたり、あるいは政府のいろいろな掲示板を見たり、会合をしたり、それが日々の生活の中心でした。市民が一つのコミュニティを形成するための中心の核になるような、つまりコアであったわけです。そういう広場を中心にして都市ができていたわけです。それは、中世にもずっと引き継がれて現在まできている伝統です。そういう公共性・社会性がまず中心に出てきているのです。

ところが日本は昔から、古代ギリシアのギリシア人がアゴラをもたない野蛮人だと軽蔑《けいべつ》したといわれている東洋の一つの国です。昔から、市民の広場というものがありませんでした。都市は、王様の宮殿か城か、そういうものを中心にして建設されてきました。そういうところから、日本の伝統的な文化のなかに、あるいは都市の形成のされ方のなかに、非公共性のようなもの、反社会性のようなものが濃厚にあります。逆にいいますと、私性が露骨に出てきているのです。

それは都市全体の構成の仕方ばかりではなくて、個々の住宅の構成のされ方のなかにも出てきています。ヨーロッパ風の住宅の建て方ですと、道から玄関にはいったところにホールがありますが、そこはまだ、社会的な空間です。そこからいったん自分の個室にはいりますと、そこはかぎが締まるようになっておりまして、個人のプライバシーが守られている私の空間になります。日本はそれと逆でして、門か塀のところでまず遮断《しゃだん》いたしまして、あとは家のなかになります。家のなかは、部屋はありますけれども、部屋と部屋のあいだはふすまでして、隣の部屋でいびきをかいていても聞こえるようなふすまです。といいますのは、家のなかは一つの空間になって、それぞれ個人のための部屋はなかったわけです。個人個人がプライバシーを保てるような部屋はないわけです。私性といいましても、日本の私性というのは、家族単位の私性だったわけです。

京都とか奈良とか、そういうところには古い文化的な遺産が残っておりますが、その大部分は、ほとんど私的なものです。たまたま、お寺のようなものは、かなり社会性をもったものですけれども、しかしお寺はやはり塀で囲まれていて、夜になったら門を締めるような、そういう私的な空間です。京都・奈良に残っている文化遺産は、お寺とか、個々の住宅とか、そういうものです。ヨーロッパの街ですぐれたものとして残っておりますのは、市民広場であり、広場を中心とした公共建築であり、公共建築のなかまで人がはいってゆけるような、社会的な公共性のある空間です。そういう建築や空間は、現代の都市社会のなかで使いこなされておりますし、現代都市を構成する一つのエレメントとして生かされております。しかし、日本に残っている建物は、現代の生活のなかには、ほんとうの意味では生きてはこない。観光客のためのものでしかない。ほんとうの現代の京都の生活ではない。現代の京都という都市の生活をささえる基本的なエレメントにはなっていない。そういうものです。

現代文明は人間的価値を創造しうるだろうか

こういう二つの点をみてきますと、現代文明との接触によって、日本の伝統的な文化は、危機に瀕《ひん》しているということがいえると思います。日本の伝統的な文化と、現代的な文明とが共存しにくいものであるということを、まず意識しておく必要があると思います。

では、はたして、現代文明、現代の技術、あるいは現代の都市化のなかで、新しい人間的な価値が生まれてくる可能性があるだろうか、ということが問題にされなければなりません。もちろん、だれも、まだ明確な見通しをもつ人はいないと思いますが、私の実感を率直に申し上げるならば、私は現代の文明は、新しい、人間的な価値をつくりはじめているといっていいと思います。けっして現代文明は、人間疎外的ではないといいきっていいと思います。

しかし、一般には、依然として現代文明を受けいれるのに抵抗が大きくて、つまらない摩擦がほうぼうで起きているというのが事実ではないかと思います。なぜ そのような摩擦が 起きて いるのか、二、三、例をあげて反省してみたいと思います。

一般的にいいますと、文化人といわれている人ほど、そういう抵抗観念が大きい、あるいは逆にいいますと、なにがしかの固定観念をもっている人が多いわけであります。古いものほどいいという考え方がどこかに残っております。

一つ、おもしろい例をお話してみたいと思います。最近、パリの街に建ち並んでいる建築の表面が真っ白く洗いおとされました。パリの街は一八世紀から一九世紀にかけて一回もそうじをしたことがなかったものですから、灰色のパリといわれて親しまれているような、灰色のパリになっていたわけです。パリの人たち、文化人たちは、灰色がパリの特質だというふうに考えていたわけです。そこを文化大臣のアンドレ・マルローが、パリを白く明るくするために、大そうじをしようという提案をしたわけです。パリの文化人たちは猛烈な反対運動をしました。しかしマルローはなかなか実行力のある人で、思い切って、三年間かなんかの期限をおいて、そうじをしない人には重い税金をかけるということにしました。そうしてパリは白く明るくなってきました。そうして明るく生まれ変わったパリをみて、すすけたパリよりはよほどきれいだ、よほど暮らしやすく、よほど明るくなったと、みんな喜んでおります。苔《こけ》がはえているほうがいいという、すすけていたほうがいいという固定観念が文化人には多かったという一つの例になります。古いものほど価値があるという、一つの固定観念を打ち破る一つの例ではないかと思います。

新しいものがはいってくるときに、いろいろな抵抗をいたします。その抵抗について、やはりあるものは正しいけれども、あるものは間違っている場合があるわけでして、間違っているほうが多いのではないかと思います。

私の知っているアメリカの知性といわれているほどの人ですが、いまだに自動車に乗ったことがないという人がおります。自動車は、現代文明の典型的な表現であり、人間疎外的であるといった公式化した観念に支配されておりまして、けっして自動車を近寄らせまいとしています。それに似た抵抗はいろいろなところに出ております。

アメリカの都市で、サンフランシスコとかボストンとか、そういう古くからの街に、大きなハイウェイがはいりこんでくるような時期があったわけです。それは都市交通のうえからいっても、ハイウェイを導入してこなければ解決しないような状態であったからです。七、八年前になります。こうした超人間的なスケールをもったハイウェイが人間的なスケールでできている静かな街のなかに突入してくるということは、がまんできないという市民の反対運動が起こりました。しかし、いまではハイウェイができて、やはり便利になってよかったという声が大部分のものでして、そういった反対運動は跡形もなく消えております。

東京などの場合は、土地を取られるのはいやだという反対運動はありましたけれども、ハイウェイがはいってきて、東京の街の美観をそこねるというような反対運動は、まずなかったようです。それはすでにアメリカやヨーロッパで経験ずみのことだからだと思います。しかし最初の文明の侵入に対しては、たいへん強く抵抗するということが、いろいろな領域で起こっております。

戦争直後に、日本のいろいろの都市にアパートがだいぶ建ちましたが、アパートをきらうという考えが非常に強かったわけです。もちろんその当時のアパートの建て方自体がお粗末であったためでもありましょう。しかし、いまではむしろ、アパートに住むことを一つの誇りとするような考えになってきているようにさえ思われます。人間はわりあいに簡単に環境に順応してゆくものです。しかし必ず最初には抵抗があるということです。

現代文明、あるいは現代文明のもっとも典型的な表現であります大都市地域の形成、そういったもののなかから、新しい人間的な価値、人間性豊かな環境が創りだされるだろうということを、私は信じて疑いません。いろいろな世界の都市をしじゅう見ておりまして、私は、そうした現代都市とそこで行なわれている生活がなにか地についてきているというような実感をもつようになっております。

現代文明と日本の伝統

おそらく日本についても、間違いなくそうなるだろうと思います。むしろ現在、東京は過大であるとか、過密であるとか、そういうようなことがいわれています。そうして東京は人間疎外的な生活環境であるといわれております。しかし都市化の必然的な傾向のなかで、それとはおかまいなしに、東京はますます大きくなってゆきます。それでも私は、東京という人間の生活環境を、究極的には、より人間性豊かなものとすることができると信じております。

ただ過渡期にあたって、たいへん日本的な困った問題をよび起こしています。それは先ほど私が申しました日本の伝統です。われわれの生活環境をバラックだと考える、バラックでいいのだと考えるそういう考え方が、いまなお根強くあります。それが、一つにはわれわれの生活環境を非人間的なものにしているわけであり、また都市の住宅地や郊外に広がりつつある住宅地を性格づけております。それは現代文明からくるものでも、現代都市の必然的な産物でもなく、むしろわれわれの伝統的なものの考え方がそうさせているのではないかと思います。われわれはこうした伝統を克服してゆかねばならないと思います。現代文明に直面することによって、またそれを素直に受けいれることによって、より正しい、より明るい生活環境をつくることができるのではないかと考えます。

もう一つの、われわれの伝統である私性・非公共性・反社会性といったものが、やはり現代の都市形成のうえでたいへん大きなガンになっています。それも、現代文明がつくりつつある都市が人間疎外的なのではなくて、われわれの伝統が人間疎外的に働いていることを反省してみる必要があるかと思います。

われわれは、われわれの伝統をりっぱな、すばらしいものだと考えたいのですが、考えれば考えるほど、克服してゆかねばならない伝統に気づきます。もちろん、われわれの伝統のなかには、すばらしい価値が数多くかくされておりますが、いま申し上げましたように、いくつかの欠点になるような伝統的な思想や考え方がもっとも強く残っているように思われます。そういうものはやはり素直に反省して、いっときも早く捨ててゆきたいと思います。

日本で現在、都市問題がいろいろな角度から論じられておりますが、私は基本的には世界史的な、あるいは文明史的な大きな軸のなかで考えてゆきたいと思います。その発展は必ずや再び新しい現代の人間性豊かな環境を創造してゆくにちがいないと私は信じております。ただ、その過程で私たちが人間疎外的に感じるいろいろな出来事が起きていますが、その大部分は文明のしわざではなくて、われわれ自身のわれわれの伝統のしわざであるというふうに私は考えているわけです。

この点は、都市と人間の将来を考えてゆく場合に、重要な問題を提起しているように思います。

人間と環境

人間とその環境は相互に働きかけながら、ともに変身してゆきます。人間は生産し、創造し、建設し、自らの環境をつくりあげてゆきます。そうして人間は逆に、自らがつくりだした環境に順応し、自らも変身してゆきます。人間も都市もともに歴史的なものであるのです。

しかし現代は、その成長と変化がダイナミックな様相を呈している時代といえましょう。そうして人間とその環境も、こうしたダイナミックな過程においてみられる必要があります。環境が人間疎外的であるというようなしばしば使われる表現には、何か、人間を固定して考えているようなものがあります。また一方、出来上がってしまった都市はもうどうにもしようがない、といった考え方のなかには、環境を固定的に考えているという面が強くでております。

しかし、人間とその環境は、ともにダイナミックな動態過程のなかにしか存在しておりません。こういったからといって、私は、人間の主体性を軽視しようというのではありません。あくまで人間は環境の主体的な創造者である、ということは強く意識されなければならないでしょう。

（一九六五年六月）

（本編は、「新建築」一九五六年六月号、一九六〇年九月号の掲載文に多少加筆したものと、国際文化会館一〇周年記念会での講演を再録したものとから成る）

Ⅳ　技術と人間

1　機械と手の葛藤

「住居は、住むための機械である」という有名なル-コルビュジエの宣言は、その重点が「人間」が住むことにおかれているのか、「機械」におかれているのか、おそらくニュアンスに富んだものにちがいない。しかし、建築を機械のように、という考えは、少なくとも二〇年前のヨーロッパの近代建築家たちが、国際建築運動として、展開してきた活動の一つの目標であったことにはまちがいはない。そうしてこのヨーロッパの市街をうめつくしている一八世紀以来の愚にもつかない建築が伝統になりきっているなかでは、近代建築家たちが、強い語調で、建築の機械化を叫ばなければならなかったこともヨーロッパの土地をふんでみて、はじめて、私にはよくわかる。

それから二〇年後、この近代建築が掲げてきた目標は、ヨーロッパをはるかにこえた、高い生産力の水準をもつアメリカですくすくと実りはじめたのである。

ヨーロッパは考えはじめた。「だがしかし、建築は『機械』のようには創られない。建築が芸術であるかぎり、『手』が必要である。芸術家の『手』によってはぐくまれてきた伝統が必要である」と。

パリで画家の硲伊之助さんに連れられて、アンリ-マチスを訪れた。私は、あのヴァンスの教会の建築を、マチスがどういうふうに創りだしていったのかを聞きたかったのである。マチスは珍しく建築の話をしつづけた。

「私は、私のサンチマンを私のこの手で表現したのです。建築家たちが頭脳と機械で作るところを、私は、サンチマンと手で創ったのです。ル・コルビュジエも私の教会を見にきました。そうして、私が『手』で建築を創っているということを非常にうらやましがっていました。」

マチスは創造する人としては、このサンチマンと「手」にたよっている。しかし一面、見る人としては機械の無限の力に感動する。

「私は、ニューヨークに行ったことがあります。私はあの摩天楼に感動しました。あれはすばらしいものです。あのマンハッタンに比べると、このパリはこんなにペシャンコな力のないものに見えました。」

今、ヨーロッパの近代建築が直面している二つの極、「機械」と「手」、いいかえれば進歩と伝統を、彼はなんの矛盾を感じることもなくもっている。

私は、数日前、マルセイユにいま建造中のル・コルビュジエの総合住居を見てきたところであった。

正直にいって、ヨーロッパのあの愚にもつかない一八世紀以来の折衷主義の建築や、まねごとの近代建築でうんざりしていた私は、はじめて感動した。それはちょうど、ゴシックの伽藍で受けた感動に似ていた。それは悲壮な響をさえ、たたえていた。

この建築は、しかし、非常に大きな矛盾や問題をもっているように思われる。この建築がはじめられてから、もう四年にもなるがまだ八分通り進行しているに過ぎない。あと完成までには一、二年はかかるだろう。その設計が始められてからすでにいままで六年か七年になるだろう。

この渋滞は、予算がしだいに超過してきたこと、それに対する政府予算の問題にもよることであろう。しかし、私には、これはヨーロッパの現状況の矛盾のうえにあるように思われるのである。当時の設計の意図は機械生産の方向で進められていた。それは建設費を安くし、建設期間を短縮するはずであった。しかしヨーロッパの低い建築技術の水準はこれを許さない。予定された建設費は、しだいに超過してゆくばかりであった。

建物に近づいてみると、そこには機械で作られたものがもっている均一、正確、小ぎれいさはみじんも見いだせない。そこには手でこねあげたような粗放さがあるだけである。

この六年のあいだ、おそらくル・コルビュジエのなかでは「機械」と「手」で表徴される、ヨーロッパの頭脳と感性との、進歩と伝統との葛藤が行なわれてきたにちがいない。悲壮なまでに高い響で私を感動させたのは、この葛藤であったのだろうか。

ともあれ、私には、これは、ヨーロッパの生んだ近代建築の極致であるように思われる。それだけに、ここには危険がある。機械による技術的前進から、手による感性的直観へ、それはいま一歩で伝統への観念的後退なのである。ヨーロッパにはこの危険がありありと見える。伝統は内から創造されるものである。しかしこのヨーロッパには――とくにここのパリでは――、その内からの力に欠けているように思われる。伝統はしだいに日常のなかに消費されてゆくであろう。

「一つ一つの建物を取りだしてみると、どれもこれもつまらぬものであった」というマチスを、しかも感動させたニューヨークの街、この機械の無限の力が、やはり近代建築を創造しつづける力ではないだろうか。

（一九五一年九月）

2　デザインと構造

デザインをするものと、構造を解くものとの協力はむずかしいことである。愛媛県民館と広島子供の家の場合坪井博士と協力する機会を得たことは幸いであった。私は、建築の構造について二つの行き方があるように思う。その一つはちょうど人間の骨のように外に肉をつけ皮膚で保護し、また肉や皮膚は骨によってささえられているというような、そういう骨組である。他の一つはちょうどエビやカニのように、殻がそのなかに生命を内包しているものである。

この松山や広島の場合はむしろ後の行き方である。このような場合、とくにその殻と生命――構造とデザインとがといってもよいが――とが完全に一つのものにとけあっていなければならないだけに、その協力の仕方は緊密なものでなければならない。

多くの場合、構造家は設計者の暴君であるか召使であるかいずれかであるように思われる。どちらかといえば、学究的である人ほど暴君的である。その人たちは構造的合理性ということを主唱する。私はそういうものはアプリオリにはないと考えている。カニの殻とエビの殻といずれがそれ自身としてすぐれて合理的であるというふうなことは意味のないことである。それぞれ生きたエビとして、またカニとして機能する生きた全体の中で、いずれの殻もそれとして合理的なのであって、その全体像を離れて意味をもっているものではない。

構造方式自体は無限な可能性をもっている。しかし建築における構造の採択にさいしては、建築の全体像と一貫するような方式がさがしあてられることが必要である。このとき構造の合理性というものがはじめて具体的に語られるのである。構造がデザインにたいして暴君であることはできないはずである。

また召使であることに甘んじている人たちもいないのではない。その人たちは、すでにデザインされた肉体に骨をけずりたわめながら、さしこんでいるにすぎない。このような場合、あらかじめ用意されたデザインも架空なものであり、さしこまれた骨も死んだ骨であり、生命のある建築は、そういうところからは生まれてはこない。構造はまたデザインにたいして召使であってはならないのである。

この場合、私たちは、お互いに召使でも暴君でもなかったように思う。しかし、私は、協力の過程で何かつねに抵抗を感じた。とくにこの場合のように不慣れな空間に形をささえようという場合、それについては、多くの言葉を知らなかった私たちは、何か限定するものを求めるのであった。あらゆる賦形にさいして、形の微細な点にいたるまで、構造の解析が教えるところにたよろうとしていたにちがいない。そういうときに構造の解析力の限界が私たちに抵抗として感じられたのであろう。

（一九五四年七月）

3　フィクションとリアリティ

建築の設計はフィクションをリアリティにもたらす過程であるといえるであろう。私たちは設計のあいだ、つねにフィクションとリアリティの間を彷徨しているのである。いくすじかの道をたどってフィクションをリアリティに高めたかと思うと、やはりそれもまたフィクションにすぎなく思われだして、とめどもなくさまようのである。いつの場合にもフィクションをリアリティにみちびく道——方法——は用意されてはいない。そのつど、自分たちで創ってゆかねばならない。私たちは設計の出発にあたって各自それぞれなんらかのフィクションに憑《つ》かれているにちがいないのだが、それはめいめいの心の奥にしまわれているようである。むしろ作業は、むだになるかもしれないいくつもの道の敷設からはじめられる。この道の敷設も帰納的にもいかなければ演繹的《えんえきてき》にもいかない。多くの場合、さがしあてる方法しかないのである。そのようにいくすじかの道の準備が進められた各自のデスクを、お互いに見まわりながら、めいめいのフィクションをリアリティにもちこむ可能性を判断しているのである。

この時期に、お互いの心のなかに宿っているほんのかすかな影にすぎないようなフィクションは実在に至ろうとして、それぞれを可能にするような道を選び出し、それらを組み立て体系づけ、しだいに形あるものとして生まれ出ようとするものである。いちばん多くのディスカッションがかわされるのはこの時期である。単なる思いつきにすぎなかったようなフィクションはしだいに消えてゆく。そうしてここで、ディスカッションに耐えた一組が、あるいは幾組かの体系——リアリティにもちこむ可能性をもったフィクションと方法の組合せ——が選び出され、それにしたがって、メンバーの分担がきめられ、具体的な設計の作業がはじめられる。

私たちが、設計の過程でリアリティを感じるのは、個々の要素が全体のなかに溶けこんで、一つの生きた統一体として機能しはじめたように思われるときである。そのようなときには、どの一本の線も、それなくしては全体がなりたちえないほどの意味をもったものとして感じられてくるのである。偶然のたまものであるようなフィクションもそれは必然的なものに思われてくるのである。何か不安なもの、もろいもの、この世のなかに存在しえないように思われていたものが、確固としてこの世のなかに深く根をおろしたもののように思われてくるのである。冒険が普通の日常のことに思われてくるのである。私たちは設計のあいだつねに、もろい、あぶなげなフィクションの感じと、確固としてこわれないリアリティの感じとの間をさまよいながら、しだいに協同の作業によってリアルなものに近づいてゆくのである。

このころになると、チームのメンバーは、めいめいその発想や作業の分担の枠を越えて、この協同作業の進展が、自身の心のなかの展開のように思われてくるのである。

このような協同作業の方法は、個性を殺しあうものではないかといわれるかもしれない。あるいは、新しいメンバーのなかには、何か重圧を感じ、自分の個性がすくすくと成長しえないと感じる人がいるかもしれない。しかし私たちはこのように考えているのである。そういう個性は、もって生まれた悪い癖であるかもしれない。たとえ、圧迫され、つみ取られても、その奥底から芽ばえてくるものがあれば、それが個性と呼ぶに値するものなのだと考えたいのである。建築における個性はリアルなもののなかでのみ成長しうるものである。自由においしげった雑草が個性であるとは思われない。むしろふみかためられた大地のなかからも、ふき出ないではやまないようなもの——すぐれて必然的なもの——にささえられて、建築における個性は成長してゆくものだ、と考えたいのである。

私たちの作るものは、いつもこのような協同のものなのである。ただ一人の名をつけることができない。それだけに、個性らしいものは、まだもってはいない。むしろ、私たちは、このような協同の作業を通じて、お互いに切断する場所をつくりたいとつねに念願しているのである。

広島の子供の家の場合、私たちはテンションにきかすシェルを選んだ。このテンションにきかすシェルは鉄筋コンクリートのシェルとしては正道ではない。しかし、傾斜が立てば立つほど、また径が少なければ少ないほど、テンションは小さく、コンクリートの合理的な可能性のなかにくるであろう。

外周に向かって太陽を求めるこの子供の空間としては、また傾斜が立つことはこのましくなかった。空間計画と構造計画の合理的な可能性に一致点が見いだせるまでは、このものの可能性は不確かであった。そうしてこの一致点が見いだされたとき、このフィクションをリアリティにもちこむ突破口の一つが得られたのであった。

愛媛県民館の場合、この多目的な空間、そのなかの導線、それをつつむ構造、その経済性、さらに施工のことなどのいくつかの問題が、このような形のシェルに統一されたときに、リアリティへの突破口が見いだされたように感じられたのである。

これらが建ったとき、はじめ、物めずらしいものとして眺められた。私たちは、これらが単なる物めずらしい名物になることをおそれていたのである。しかし、時間がたつにつれて、これらがしだいに、社会のなかに根をおろし、機能しているところを見て、単なる虚構ではなく、これらが、この世のなかに実在していることに、私たちは安堵するのである。

（一九五四年七月）

4　風土の克服

建築空間は、その内部で営まれる生活行為や、労働行為を、外部の自然的条件、つまり風土的条件から守護するために、一般には外壁とか屋根によってつつまれ、外界と遮断されている。建築の種類によって、外壁の比重の大きいものと、屋根の比重の大きなものとがあるのは当然である。高層オフィスビルなどは、この外壁の果たす役割の、きわめて大きいものである。

この外壁はまた、建物の外側の空間、つまり外部空間を視覚的に規定する決定的要素なのである。そういう意味で外壁の構成は、内部機能を充足させるものであるとともに、外部にたいしては、視覚的、心理的にいえば、その内部の意味を外に対して正しく表示し、その存在の意味をアイデンティファイすべきものである。また自己をアイデンティファイしながら、しかも、都市的空間の秩序に参加してゆくべきものなのである。こういう意味で、外壁は視覚的、心理的に、社会に対して一つの責任を負わされている。

日本の伝統的な都市景観には、それなりの特質があり、またその範囲では一つの秩序と調和があった。日本の家屋は、一般にひさし、縁、格子や、白壁などで、その外壁を構成しているが、これらはその地方の風土的条件を克服するという姿勢で獲得された手法であった。それぞれの家屋はそれなりの性格と表示とをもってはいるが、風土への典型的対応――克服といってもよい――という一つの共通点をもつことによって、全体に秩序と調和が生まれているのである。と同時に、その克服に際して、時代の技術が正しく反映しているという点において一つの歴史的時代を克服しているのである。

外壁構成は、建築の内部空間を、外部の風土・気候などから保護するというだけではなく、その悪条件を、経済段階や技術水準の枠組のなかで、最大限に技術を駆使して、克服してゆくというところに、その意味があるといえよう。

いわゆる国際建築――技術の世界的な普遍性は、必然的に世界的に共通な視覚言語をつくり出すという主張――に対する反省として、地域主義とか風土主義などがさかんにいわれているのは、上にふれたように、自然的、風土的条件の相違、それに加えて、経済的、技術的水準の格差、そうしたことは必然的に、建築に地域的性格を生み出すものであるという思想である。

しかしリージョナリズムを創造の水準で考えるとき、多くの地域主義者が考えているように、地域的な差異がただちに創造のモーメントとなるというものでは決してないのである。むしろその地域のもつ自然の悪条件を克服する、あるいは好適な条件を積極的に利用するということもありうるわけであるが、そういう積極的な姿勢において、さらにその解決を、自己のおかれた経済的、技術的条件を最大限に駆使しながら闘いとる、というその闘いのなかにこそ、創造のエネルギーがあり、またその闘いの仕方の相違のなかにこそリージョナルな性格のちがいが現われるのである。

こういう立場にたって、ここで、私たちがたどってきた作品活動をあとづけ、それを反省してみたいと思う。

広島平和会館陳列館①-②のとき、ピロティにささえられている上部構造——それは原爆の資料を陳列するための室である——は、基本的にラーメン構造をとっているが、外壁にあらわれている細かいスタッドも補助的な構造メンバーとしてはたらいている。そのスタッドを、朝日と夕日のための日照調整に、さらに南面のスタッド間にさしこまれた水平の細かいルーヴァ——これもスタッドの座屈どめに役立っている——を日中の日ざしにたいする調整弁として、考えたものである。これらは陳列館という性格から、真冬の短い時期以外は、直射光のはいってくるのを防がねばならなかったからである。

こうした細かいルーヴァ格子は、しかし、内部空間と外部空間を相互に浸透させる必要がある場合には、好ましい解決ではない。本館は、こうした性格が求められるものであった。私たちはこのとき、はじめて、日本の伝統のなかにある外壁処理の典型——ひさし、縁、障子などという要素をもって構成された外壁——を現代的に発展させることの必要を感じたのである。私たちはそれを、コンクリートのラーメン構造のなかで探しあてようとしたのである。それが、本館の型を決定する上での重要な要素となっている。しかし問題は残されていた。それは西日の処理であった。私たちはそれにたいして、明り障子にことよせて、プラスチックの半透明の布地を試みてみた。しかし、こうした公共の建築では、その耐用命数のないこと、紙障子にくらべて熱の反射が小さくて、暑さをさえぎれなかったことなどが、今日の欠陥となってあらわれている。そうした欠陥にもかかわらず、この型は、その後の私たちの設計を通じて、一つの重要なものとなり、いくつかの改善が加えられてゆくこととなったのである。

ちょうどこれらが建設されていたころ、私は同じ広島に子供の家を作った。それは朝顔のような形をしたシェル構造であって、その外周をガラスで囲んでいる。私たちの意図は子供たちが、木陰で読書をしたり、遊戯をしたりしている楽しい姿をイメージしていた。私たちのイメージは、しかし間違っていたようである。そこは、風通しをよくしても、木陰のように涼しいというわけにはゆかなかった。そうして、広島の盛夏の気候には耐えがたいものであった。

私がガラスを恐れるようになったのは、そのころからである。

私たちはガラスを避けるわけにはゆかない。しかしガラスには多くの欠陥がある。その欠陥を克服することなしに、ガラスを使うことはできない、というのが私の信念となった。

私自身の住居①-③は木造で出来ている。この四周はガラスであるが、それは伝統的な典型である深いひさし、縁、明り障子、紙ふすま、格子ルーヴァなどでそのガラスの欠陥を防いでいる。

外務省や都庁舎①-④⑤の設計のとき、私たちが外壁処理で試みたのは、これと同じ立場であった。外務省の競技設計をねっているころ、私のイメージにあったものは、コンクリートによる水平のひさしと垂直のスタッドによる構成であった。

しかし私たちは、コンクリートの風化に対して、多少の不安をいだくようになっていた。とくにルーヴァのような細かいメンバーをコンクリートでつくるとなると、その心配は一層大きかったのである。当時まだ、コンクリートの風化を防ぐ適当な塗料を私たちは知らなかったからである。鉄についても、さびによる腐食が問題ではあったが、防錆に対する私たちの技術は、コンクリートの風化に対するものよりは進んでいるように思われた。

都庁舎の外壁処理に、鉄の使用を考えたのはこうした理由からであった。そうして設計から建築の期間を通じて、私たちは、防錆についての最大限のアプローチを試み、ほぼ安心のゆく点に達したのであった。

しかし、日本の鋼処理の技術は、当時まださほど進んではいなかった。また標準の建築費に対する鉄の価格は相対的に高いものであった。そこからくる鉄使用の欠陥——表面のべこつき、仕上げの不手際など——からは、まぬがれることができなかった。

都庁のあとに設計をすすめた清水市庁舎の、鉄のサッシュとオールガラスの外壁処理は、鉄の使用という意味では都庁舎と同じ考えに基づいているが、日照調節の点でルーヴァを用いなかったことについては、私たちの本意ではなく、予算の不足からきたものではあるとしても、私たちの予算配分のまずさとして指摘されても、いたしかたのないものである。ここも盛夏の暑さは耐えがたいものであった。それは、あとで建築ジャーナリズムをにぎわした不安感論争に一つの好例を示す結果となった。

ガラスは、自然の恵みを壁のように断ち切ることなく、しかも自然の風雨から守ってくれるものである。太陽の光と熱、また自然や外界の姿をさえぎることなく与えてくれる。しかし、光や熱にたいしても、また視覚や心理にたいしても、あまりにも透明であり、無抵抗であり、またこわれやすく、もろいものである。台風や地震にたいして心理的に不安感をいだかせる、ということは否定できない。

ガラスの建築は、健康な明るさと、ひ弱いはかなさを同時に含んでいる。しかし私たちが住み、働く空間を、健康な明るいものとするためには、ガラスはさらに大胆に利用されるべきである。しかし同時に、この欠陥を克服する技術的手段を最大限に駆使しなければならないだろう。

都庁舎の水平、垂直の鉄格子は、日照調節ばかりでなく、台風や地震などのパニックに際して――それに耐えるための最大限の技術的解決は行なわれているが――、かりにガラスが破壊するような場合、それが下を歩く人に危害を与えることを防いでくれるし、出火したとき、それが上階に延焼してゆくことを防いでもくれる。こうした物理的安全さは、心理的不安感をも解消させるのに役立つものである。

しかし都庁舎のあとは、私たちは再びコンクリートによる外壁処理に帰っていった。コンクリートのなかに、より日本的な現実性をみたからであった。

津田塾大学図書館にはじまり、国会図書館の競技設計に際しても、私たちは、広島平和会館本館の型を踏襲し、発展させていったのである。ここには、それをささえるもう一つの立場があった。それは外壁処理、つまり外からの形態を、構造のシステムとコオーディネートさせるということであった。

日本の鉄骨構造は、耐火建築を必要とするところでは、ほとんど用いられていない。一般に鉄の構造的使用は、鉄筋コンクリートか、鉄骨鉄筋コンクリートとしてであって、鉄骨構造——鉄骨を耐火被覆しただけのもの——は、皆無といってよい。これは耐火という観点だけからではなく、地震にたいする考慮からきているのである。この考慮が、技術的に正しいものであると、私は考えていない。鉄骨鉄筋コンクリートが、その点に関して、鉄骨構造にまさるものとも思っていない。むしろ実は、日本の現実からすれば、鉄は相対的に高価であったということ、さらに、形鋼は、鉄筋に比べて高価であるということなどから鉄の使用を最小限にくいとめ、かつまた形鋼使用を極度におそれていたという、長いあいだの習慣がもたらした構造方式であったと考えている。逆にいえば、鉄骨鉄筋コンクリート構造は、鉄筋コンクリート構造の変形であるといってもよい。つまりコンクリートの圧縮耐力にたよっている構造なのである。そういう構造システムをもつ高層建築が、外からの形態として、鉄の表現をもつということに多少の疑問を感じていたのである。私たちが再び、コンクリートによる外壁処理の方向にかえっていったのには、こうした意味も含まれているのである。

香川県庁舎Ⅰ-⑥⑦は、私たちがたどってきた幾多の紆余曲折のあとに到達した一つの型であるだろう。ここでは、鉄筋コンクリート構造のラーメン架構がそのまま外形にあらわれている。カンティレヴァのひさしは、日照調整のための水平ルーヴァであり、小梁の出は垂直ルーヴァとして働いている。それはまた休息のための縁であり、さらに災害時の危険防止のはたらきをもかねている。しかし依然として、ここでも西日の解決に欠陥を示している。私たちは、ポリエステルの乳白板を明り障子として東西面に用いているが、その板の熱容量が、紙障子に比べて大きいために、板から内部空間への二次輻射が大きく、その点に関しては紙障子を越えることができなかったのである。

私たちが、こうして、たどってきた道は、日本の自然的条件を克服しようとする試みであり、その克服を、日本の技術の水準や、生活の水準のなかに求めようとしてきた試みの現われであるといえよう。終わるということはない道ではあろうがこうした現実のなかに、一つの型を探しあてること、できうれば典型をつくりあげること、そういう願いによってささえられてきた道であった、ともいえよう。

（一九五六年）

5　鉄とコンクリート

廃墟ほど美しいものはないと人はいう。重力に抗して立ちあがったポテンシャルが、零に帰ってゆく姿、自然と闘う人間の営みが自然の力に打ちひしがれて再び自然に帰ってゆく姿、そこには無常の美しさがあるだろう。

しかし私は、打ちひしがれても、打ちのめされても、立ち上がろうとする人間の自然にたいする闘いの姿に、より生命的な美しさを感じている。私は立ち上がり、ささえ、張る力に感動する。コンクリート――正確には鉄筋コンクリート――は、私たちに、立ち上がり、ささえ、張る力とエネルギーとを無限に与えてくれる。私はコンクリートのその力を愛している。このような無限の力に、重力の場で秩序を与えてゆく、コンクリートが内包している混沌としたエネルギーから、力の秩序を創造する。現代の建築家だけがこの喜びと感動を知っている。

建築の歴史は、いかに重力に抗し、耐え、さらにそれを克服して、生活の営みの空間を獲得するかということであったといえよう。この自然の重力に対決するだけの力が、建築家たち、技術家たちによって創られてきたのである。この力は、またいくつかの秩序の体系を生みだした。それはいろいろな建築の形式――ギリシアやゴシックなどの――となって歴史に現われている。人は、建築がつくり出したその空間のなかに、あるいはその形に、力の秩序を感じて、人間の創造の偉大さに感動する。建築とは、ともあれ力の表現、重力との闘いの跡である。

コンクリートは、歴史上かつてない力を私たちに与えた。私たちは、いかなる歴史の時代より、さらに高く、さらに大きく、創造力を発揮することができる。この現代のしあわせを、私たちはもっと深く味わう必要がある。しかしコンクリートがもっているような可能性、あるいはエネルギーは、まだ混沌としている。そこから秩序を創りだす仕事はまさに創造のことであって、決して概念でつかみだすことはできない。軸組構造はコンクリート的であるとか、ないとか、シェルこそコンクリート的であるとか、そのような概念によっては、私たちはコンクリートに肉薄してゆくことはできないだろう。「コンクリートは、無限の可能性を私にひらいてくれる、まるで生きもののようだ」とネルヴィは語っている。この言葉は、創造者だけがいえることなのである。

私は不用意に、感動などということをいってしまった。額に皺をよせて、にがにがしげに、私たちはまず機能のことを考えたまえ、それを卒業したあとで、感動について語りたまえ、といいたげないくつかの顔が、私のまえにちらついている。その人にとっては、コンクリートは冷たい死んだ構造材料にすぎないのだろうか。空間をささえる一本の柱も、あるときには生き生きとし、あるときには全く死んだものになるということを知らないのだろうか。あるいは冷たい死んだ柱の方が安上がりで、生き生きとした柱は余計にお金がかかるとでも考えているのだろうか。

あるいは感動をよびおこすような架構は機能的でないとでもいうのだろうか。

そうではなくて、空間のなかに力の秩序を見ることができない人は、不経済な、反機能的な、死んだ架構しか生み出すことはできないまでのことである。人は、彫刻の場合、冷たい大理石が人間の激情をさえ表現できることについて知っている。しかし建築については、鉄やコンクリートが生命的な躍動を人の心に伝えるものであるということを、故意にか忘れようとしている。

正直、私はコルビュジエのマルセイユのアパートやシャンディガールのハイコートとセクリタリアートのコンクリートの建築に打たれた。またアーメダバッドの幾つかの彼の小住宅や美術館にも感動した。アーメダバッドにいるコルビュジエの弟子であるドーシと、「なぜ、コルビュジエの建築は人を感動させるが、そのあたりの建築には感動をおぼえないのだろうか」と話し合ったことがある。ドーシはこんなことをいった。「このインドに建てられたコルビュジエの作品は、その大部分が彼のアトリエにいて、私が担当したもの、あるいはなんらか関係したものなのです。私は自分が設計したような気持になっておりました。というのは、コルビュジエは、ほんのときどき、ほんの少ししか、私の設計に口をさしはさまなかったからです。ところがどうです。その少しが私をこんなに感動させるものにしていることに、ようやく気がつきました。」そのとき、私はこんなことをいった。「コルビュジエはコンクリートの本質を知っている。しかしその本質をつかまない人が彼のまねをすればにせ物しかできない。私たちは、まねはよして、私たちの独自の道をたどって、そのものの本質に肉薄するよりほかに、生きる道はないだろう」と。

そのあと、シャンディガールで、目のまえに本物とにせ物が軒を並べて立っているところを見た。

コルビュジエが直接手を下しているこの三つの建物と、彼の手から離れて弟子たちがその模造を作っているものと、こんなに本物とにせ物がはっきり並んで立っているところは外にその例がないだろう。コルビュジエの使う建築の言葉は、人間の奥底から発している。それは言葉ではあるが、また詩なのである。人は彼の言葉を言葉として利用する。するとそれは魂のぬけた言葉でしかなくなってしまう。

建築家のロジャースと、ミラノに建ち並んでいる新しく建った建築について話し合いながら歩いていたとき、彼は、「君はこれらの建築に現われているような建築的言葉とか視覚的言語などという国際的な言葉を信用するか」、と不意にいいだした。私は、「そんな言葉は信用しない。私は、人間的な言葉しか信用しない。それはもっと個性的であり、ある場合には民族的なものだろう。それは詩といってもよい」というようなことを話した。私はインドでそのときの会話を思いうかべながら、コルビュジエが発している人間的な言葉に感動していたといえよう。それとは逆に言葉としての言葉をいかに軽蔑したことか。

私はニューヨークで、かりに二つ三つの建築をあげよといわれれば、バンシャフトのレヴァーハウスと、目下建設中のミースとフィリップ-ジョンソンの協同になるシーグラム-ビルの二つをあげるだろう。しかし、レヴァーハウスはすぐれていることは認めるにしても、シーグラム-ビルで受けるような感動は受けない。ここに何か本質的なちがいがあるように思われる。

コルビュジエはコンクリートのなかに、ミースは鉄のなかに、その本質に肉薄し、そこから生命的なものをえぐり出しているといえるだろう。無機のコンクリートが、コルビュジエの個性によって生命をよびもどされ、非情の鉄が、ミースの技術によって、人間に訴える何かを獲得している、といってよい。

ピラミッドの石積の安定した力の重み、ゴシックの石がその荷重を失ったように跳躍している、力の運動、あるいは法隆寺の重々しい屋根をささえている柱、東大寺のたくみに力をさばいている架構、かつて歴史上に石や木にこれほどの生命を与えたいくつかの建築に、今いった二人のコンクリートと鉄の建築は、肉薄しているといってよい。

日本で、コンクリートや鉄が、日本の現実と民衆のなかで、リアリティをもってから、何年になるだろう。まだもっていないとさえいえるだろう。そのような状況のなかで、日本の建築家が、もし、コンクリートがわかった、とか、鉄を知ったなどと考えたとすれば、それはこっけいだといってよい。私は今、コンクリートについて、鉄について、さまよっている。少なくとも、その本質に肉薄し、そこから生命をえぐり出したいとねがいながら、さまよっている。

それにはそれらについての技術的な理解が一つのささえになるだろう。またそれらの概念的認識が、それをたすけるだろう。しかしそれでは足りない。創造的な――実験的といってもよい――認識が、それに加わらなければならないだろう。

私のコンクリートや鉄にたいする理解と実感は、ここ十年あまりのあいだでさえ、よほど変わってきている。おそらくこれからも変わるだろう。まさにさまよっているといってよい。はじめて私がコンクリートにぶつかったのは広島の記念陳列館①-②であった。私たちは、この原爆の廃墟のなかから、力強くたくましく立ち上がるような、何かをつくりたいとねがっていた。一方私のコンクリートにたいする理解はたいへんに浅いものであった。

またそのころ、私はコンクリートのなかに流れる力の秩序を、骨組的なリニアなものとして視覚的にうけとめることができなくて、彫刻的なプラスティックなものとして受けとめようとする傾向があった。

この実施設計のとき、はじめ、この一〇〇メートルほどの長さのある二階の陳列室の床を二本——正確には二列二本——の柱でささえ、二階の長手の壁面を梁として、大きく架構したいと考えていた。これは陳列室内の空間をより有効に、より機能的にするのにも役立つだろうし、またこの架構の力の秩序を視覚化するのに、もっとも明快であり、その力の絶対量の大きさが、強さの表現をより直接的に示すのに役立つだろうということも考えていた。またこの一帯の環境のスケールに、より効果的に対応できるとも考えていたのであった。今なら、おそらく合理的な予算のなかで、やりとげることもできるだろうし、また当時もっともこまっていた壁とも梁ともつかぬ二階の壁面の機能的な、かつ視覚的な処理も、なんとかなるだろうと思うのだが、当時の私は、技術上の、また表現上の能力の限界のために、その考えを放棄せざるをえなかったのである。そうして今見るようなものになってしまった。

しかし私にとっては、はじめてのこの工事現場の経験を通じて、コンクリートを実感としてうけとめることができたと思う。長径三メートルもあるコンクリート打放しの脚柱や、一二メートルほどのスパンに架けられた梁などから、コンクリートのもつ力の表現を、はじめて知ったといってよい。また力だけではなく、コンクリート自身のもっているテクスチュアが、こんなに、私たちに訴えてくるということを知ったのもそのときであった。はじめ仕上げを予定していた二階側面の壁を、コンクリートの荒々しい壁に、さらにこれに仕上げをほどこす必要がないと感じたのは、やはりそのころであった。そのあと、本館（一九五二年設計）のときには、この陳列館との対比というか男性的なものに対して、女性的なものとでもいうか、そんな気持から、軸組構造をそのまま視覚化してみようという試みの気持をもったのである。それまでにも、私は、無雑作にあつかわれた工場や、工事中の建物にコンクリートの軸組を露出した美しいものに出会った。しかしそれまで、その軸組が、一つの視覚的まとまりとして十分に昇華しているものには出会わなかった。私自身も、それをどうすれば視覚的なまとまりのあるものになしうるかについて全く自信がなかったといってよい。日本の柱・梁構造のプロポーションなどについて調べたり、見に行ったり、また、木割りなどといったのはそのころであったと思うが、コンクリートの架構が日本の伝統的な木割りに合うなどということは考えられないことであった。それにもかかわらず、木割りなどのことを持ち出したのは、自分を勇気づけるためでもあり、またコンクリートによる軸組架構が、もっと広く日本の現代建築に出てきてもよいし、それをやろうとする人たち——自分を含めて——の気持のささえになるだろうと思ったからであって、私自身は、黄金比を利用しながら、私の視覚に耐えるものを探していた。

当時の私の形式感情からすれば、日本の地震という特殊な条件を、どうすれば視覚化しうるかということについては、解決がついていなかったといってよい。人間の視覚は、重力の場でこそ歴史的にきたえられているが、このような突発的な水平力を、目に見えるようにすることは不可能なのではないだろうかと考えていた。だからその時には、視覚的には平面の奥深くに耐震壁を設けて、外に見える柱、梁には、水平力にたいする負荷をなるべく掛けないようにして、純粋な重力の場での力の秩序をさぐるほうが、柱、梁というリニアな架構にとっては、より素直なかたちに近づくだろうと考えていた。このような考えかたと裏腹になっている私の形式感情は、一つには、また私の現実の認識の仕方の弱々しさからもきているといえよう。あるいは、こういってもよい。この日本の現実のなかに、エネルギーがひそんでいることも認識できないで、現象の面に現われているはかなさ、不安、冷たさ、そういったところしか認識できなかったということだと思う。これは私が都庁①-④⑤や清水の市庁舎を設計するころまで続いたといえる。

この広島の本館のとき、コンクリートの柱と梁による架構のなかで――とくに中二階などを利用しながら――、内部空間の流動性と外部への開放性に目を集中していた。この空間の流動性や開放性は都庁（一九五三年設計）や、清水の市庁舎（一九五三年設計）にも引きつがれている。

ただこの広島の本館と都庁とのあいだには、コンクリートの架構が外に出ているか、スティールのサッシュが外に出ているかという外見上のちがいがかなりはっきりとでている。正直にいって、私はそのころまだ鉄とコンクリートの耐久性について、技術的な判断がつきかねていた。スティールの耐久性については、それがいかに早く朽ちてしまうものであるかということは、方々で見聞していたが、しかし防錆の技術についてもかなりの期待をもっていた。一方コンクリートについては、万代塀などが、いかにも見ぐるしく、朽ちはてているところをしばしば見て、何か不安を感じていた。かといってタイル張りや石張りとコンクリートのあいだの空隙に起こりつつある風化は、さらに不気味であった。本館のときにはコンクリートの構造体が外に出ているが、このような大事な構造体こそ保護される必要があるという考えから、都庁舎のようなスティールによる保護膜がでてきたようである。今でも私は、そのいずれが正しいのか、について十分な確証をもっていない。おそらくより正しい前の方法があるにちがいない。しかし、そのような技術上の理解とはちがったところで、今の私の気持でいえば、コンクリートにより深い愛着をもっている。それはいかにも風雪に耐えるような表現をそなえているし、その材料やその施工に、日本の現実に脚をつけた発展が期待できるように思われるからである。

香川県庁（一九五五年設計）①-⑥⑦ や倉吉市庁舎（一九五五年設計）では広島の本館で試みたコンクリートによる軸組構造を、より大胆に現わしている。ここで深いひさしを出しているのは、内部空間の保護ばかりでなく、コンクリートの構造全体を風雪から保護する役目が考えられているのである。

このころになって、私の現実の認識する内容にも変化があった。むしろ現実のなかにたくましいエネルギーを感じるようになったといってよい。私の形式感情も、より重々しいもの、より耐えるもの、よりたくましいものに向かってきた。このように変化してきた形式感情は、地震という水平力をなんの抵抗も感じなく、視覚的にうけとめるようになった。むしろ重力にも地震にも耐える力の秩序ということが、素直にうけとれるようになってきたのである。

墨会館(一九五六年設計)①-⑧は、このゆきかたの一つの展開だとみてよい。これは塀によって囲まれており、コンクリートの骨組が多くは露出していないが、やはりコンクリートの軸組構造によるーつの試みである。この場合、設計の途上で、このような閉ざされた空間は、反社会的ではないかという意見を出された。しかし、この工場地帯のまんなかで、貨物自動車などがひんぱんに動いているなかで、この種の集会場などの機能を高めるためには、**形式的な開放性**をすてることがむしろ適当なのである。塀によって内部空間の機能を高めることにより、かえって社会の利用に一層役立つものとなるだろうと考えたのである。このような塀による閉塞的な表現はここの特殊性からきたものといえるだろう。

コンクリートによる軸組構造はなんといっても、この社会に、十分な存在理由をもっている。私たちはこれが、さらに高い表現をもちうるところまで、もっともっとぶつかってゆかなければならないだろう。

私はまた、いくつかのコンクリート・シェルを経験した。松山の愛媛県民館(一九五二年設計)のとき、足場をとりはらったあと、わずか八センチの厚さのコンクリートの曲面板が、直径五〇メートルの空間を軽々とおおっているところに触れて、われながら何かショックを感じたと同時に何かコンクリートのエネルギーと生命を感じないわけにはゆかなかった。幼稚であったが、この実感が、その後の私のコンクリートにたいする信頼を高めたことは否定できない。

静岡市体育館①-⑩の場合、求められている平面をうまく解決し、音響的にみて空間のかたちが、適当であり、また構造技術的にもその可能性があきらかになったところで、HPシェルの採用を決定したのであるが、しかしHPシェルというはじめての技術を、自分たちの掌のうちのものにするのは、やはり大変なことであった。はじめ、HPシェルを使う以上は、このスタンス一〇〇メートルもある二本の脚柱によって空間を張っているそのものの形を、内からも、外からも見られるものにしたいと考えていた。しかし内部空間を保つためには壁を必要としている。この壁とシェルとを統一するということは、私たち一同の表現能力の限界にきていたといってよい。結果として、ここの折壁やルーヴァとHPシェルとの統一は十分にはみたされてはいない。がいつでも起こるこのような経験を通じて、いいかえれば自己の限界をこえたところに、ぶつかってゆくとき、自己の限界は破れ、そこから新しい芽が発展してゆくものだということを知るのである。コンクリートは、私たちが単にそれを手段として利用しているのではないか。未知なるコンクリートに対決し、自己の能力のぎりぎりのところまで、ぶつけてゆくときコンクリートは私たちの能力の限界を打ち破ってくれる。コンクリートはそれ自身、生命をもっているもののように私たちに新しい能力を啓示してくれる。そういうものではないだろうか。今治市庁舎と公会堂（一九五七年六月）①-⑪はいかにも壁的な表現をもっている。公会堂のほうはその内部機能からいって壁がでてくることは当然のことであって、それを折壁とし、屋根は折板梁として、つくってみたまでのことであるが、幅一八メートルほどの細長い三層の庁舎の方は、外界にたいする保護の殻ともいえる垂直に並列している壁を——この場合は東と西に面しているので、その陽をさえぎるために南に開口を向けるように四五度ばかりの角度をもったブリーズ-ソレイユである——構造的な柱と見たてて、内法一六メートルほどのスパンを、中間に柱をおかないで、梁をかけていったものであるが、ここでは柱、梁の軸組構造といった表現とはちがった、壁的表現がつよくでている。

軸組的表現といい、シェル的なものといい、あるいは壁的表現などともいったが、これは便宜上のことであって、これはいけないとも、これでもういいとも思われない。まだまだコンクリートは私たちにとって混沌である。そこには可能性がひそんでいるように思われる。建築家の同志が、たゆまず、コンクリートの可能性を追求し、新しい発見や成果をあげつつあるなかで、私たち一同もその一員に加わりたいとねがっている。これらの人たちの成果を共同の蓄積として、現代の建築家はコンクリートが内包しているエネルギーと生命を、さらに深く掘り起こしてゆくだろう。そうして、石が中世の感動をよびさましたように、コンクリートは現代の感動を現代の人びとに伝えてくれるにちがいない。

（一九五八年二月）

6　技術と人間

二〇世紀の前半から後半に大きく移り変わろうとしております現在、私たちは文明の形態、社会の構造、さらに人間の環境というものが、何か重要な変化を遂げつつあるというふうに感じています。もちろん私たちは、将来がどういうふうになるかということについて、予想をたてるわけにはいきませんが、これだけのことはいえるのではないかと思っています。それは、この大きな変化は、原子力、あるいは電子の操作というふうなものの発展によって起こっているわけでありますが、そのもっとも重要な性格として、私は無制約なエネルギーの拡張だけでなくて、それをコントロールし、それをプランしていく、要するにそういうものの生産と配分をうまくコントロールしていくような形をとるのではないかということです。それは人間が技術に対して再び優位を獲得しようとする運動と考えてもいいと思います。

原子エネルギーの解放は、それによって人間がとてつもなく大きなエネルギーをコントロールしていくための、人工頭脳というふうにものを考えだしたわけでありますが、究極的に原子力の解放は、新しい人間性の意識の解放をうながしたと考えられます。それは、原子力を現に今持っている国においてばかりでなくて、原子力を持っていない後進国のあいだでも、もっと強く現われてきている現象であります。もちろん、この人間性に対する自覚は、原子爆弾とか、そういうものに対する恐怖から現われてきたといえるかもしれませんが、しかし、もっと一般的に申しまして、人間現存の意識が、原子力の解放を通じて解放されたと考えていいのではないかと考えております。その関係は、技術的のエネルギーが強くなればなるほど、生の人間としての自覚はますます強くなっていくだろうということです。

技術の進歩が、私たちの将来を決定する重要な要素であるということは、認めなければなりませんし、またある程度、人間の欲望や人間の意志とは関係なしに、技術自身が将来を決定していくということがありうるとは思いますが、しかし、やはり人間の自覚というものは、その技術が社会的に実現してゆくにあたって、それがはたして人間に有用であるか有害であるかということを判断し、それを受け入れ促進し、あるいはそれに抵抗していく、つまり技術の実現化ということは人間がそれを決定してゆくものであろうと思います。そういうふうに考えますと、私たちの現実の奥底には、技術の体系と人間の現存とのあいだに、ダイナミックなバランスがありうる、と考えたいと思います。また、この関係が現代の社会構造、あるいは文明形態を、具体的に決定しつつあるわけです。しかし、それはテクノロジーが人間のための召使であるとか、あるいは人間の手の延長であるといったような、楽観的な立場を意味しているものではありません。むしろ逆に、技術の発展がもたらした社会的ないろいろな現象のなかには、進歩しつつある技術と、人間の生存とのあいだに、大きな溝がますます深まりつつあります。かといって人間を歴史的存在として固定して考え、技術や文明の進歩が一方的に人間と技術とのあいだの溝を深くするような宿命論的立場を支持するわけにもいきません。私たちは現実の奥底からこの矛盾を見いだして、それを克服し、またそこから私たちが解決しなければいけない問題を探しだし、そうしてそれに対して挑戦していかなければいけないと思います。そういうふうな挑戦なしに創造的な力というものはけっして出てこないのであります。もう一度申しますと、創造だけがこの深い溝を橋渡しすることができると考えております。むしろ創造とは断絶に橋架けることだといってよいと思います。建築家、あるいはデザイナーという人たちは、テクノロジーとヒューマニティのあいだに依存している唯一の人間であります。そうして私は、このテクノロジーの発揮する力が強くなればなるほど、人間の現存への自覚は、ますます強まっていくというふうなことをお話いたしましたが、この関係のなかで考えますと、建築家、あるいはデザイナーはますます創造的になっていかなければならないということであります。こういうふうに技術が急速に進歩し、文明形態を大きく変貌させつつある現在、二〇世紀前半に考えられたデザインのいろいろな考え方や建築のイメージが、現在ますます大きくなりつつある矛盾を解決するにあたって、不十分であり、役にたたなくなってきておりますし、また不適当になってきております。そうして、私は現在こそ、建築、あるいはデザインがその内部から変革されていかなければならない時期にきているというふうに考えております。

人間生活の環境に問題をしぼってみることにします。そこでどういう問題が起きているかということをまず考えてみたいと思います。私は最初にモビリティ(mobility)、いわゆる現代の社会生活における激しい流動という問題をつかまえてみたいと思います。このモビリティを空間の立場で考えてみますと、距離の征服でありますが、それはスピードとかスケールとかいう問題であるわけです。人間は元来一メートル足らずの歩幅で一歩一歩歩いているわけです。しかし同時に一時間一〇〇キロというふうなスピードが、私たちの日常の経験になってきております。このスケールとスピードの複合したモビリティの問題は、生の裸の人間と、ますます発展しつつある技術がもたらしているものとの間の問題として出てきております。たとえば、東京で皆さんがご覧になったと思いますが一つの道の上を歩行者も自転車も自動車もトラックも電車も一緒になってごったがえして走っております。そして歩行者と車とはまるでお互いに敵同士のようないがみあいながら混乱しております。また世界の一般的の問題として考えてみる場合、本来人間的な尺度で作られておりました建物の多くは現在の都市では一九世紀から二〇世紀前半にかけて建てられた建物です。そういう人間的な尺度によって作られた建物が都市を埋めつくしている。一方では、自動車の急速な動きを可能にするためのハイウェイのような、非常に大きなストラクチュアがダイナミックな形で都市の中にはいりこんできております。このヒューマン-スケール（人間的な尺度）と技術がもたらしたスーパー-ヒューマン-スケールとでも申したいような大きなスケールのストラクチュアが共存しておりますがその間にはなんの調和も、なんの統一もございません。それは機能的な意味におきましても、あるいは視覚的な意味に おきましてもいえることです。スケールの問題に 関しては私は前々からマスーヒューマン-スケールというものを考えておりました。それは個人のスケールと違って、人間がマスとして行動するときに必要なスケールであります。

中世都市においては、広場やそれに面して立っている市庁舎や教会の建築がもっているスケールがそのすぐれた例だと思います。そこではヒューマン－スケールとマス－ヒューマン－スケールとの間に調和のある序列がつくられておりました。私は現代の都市を考えていく場合、ヒューマン－スケールからマス－ヒューマン－スケールといった序列の秩序づけを考える必要があると考えております。この空間におけるモビリティこそ空間相互をつなぎとめ、結び合わせる役目を果たすものであって、空間を組織づけ、構造づけ、さらにそれを高度に有機体化してゆく紐帯であるということに留意しておきたいと思います。

またこのモビリティの問題を時間という軸のなかで考えてみますと、変化とか成長ということになるわけです。現在の急速に発展しつつある技術は、また私たちの社会生活の成長と変化とのスピードを、ますます急速にしております。商業主義の影響のもとに、私たちの日常生活の生活用品、さらに自動車のスタイルというふうなものは、毎年毎年変わっております。一年の寿命しかもっておりません。私たちの日常生活そのもの、あるいはそれを入れるための、住居というものを考えてみましても、一〇年とか、あるいは五年とか、その間しかほんとうの役にはたちません。そういうふうに、非常に生命の短いものが、ますますその生命を短くしております。この変革のサイクルはますます短期なものになりつつあります。しかし一方では資本の蓄積によりまして、非常に大きなオペレーション－スケールで非常に大きな構造体を作るというふうなことが出てきております。自然改造とか、ダムとか、港湾とか、今ここで問題になっているハイウェイとか、このような構造は長期のサイクルに耐え、時代のシステムを決定しつつあります。

この二つの傾向は、ともに現代の私たちの社会生活にとって必要なものでありますし、人間にとって必要なものであります。ちょうど生命、あるいは有機体が、変わってゆくものと変わらないものとによって構成されているように、あるいは細胞が常に新陳代謝しながら、その全体は一つの安定した形をもっているように、私たちの都市について考えてみましても、流行現象のような変わっていく要素と、時代を性格づけるような変わらない要素との矛盾の統一というふうなことについて、私たちは考慮していかなければならない時代になってきたと思っております。一方では日々の目まぐるしいメタボリズム・新陳代謝を内に含んだ安定した全体の構造があるわけですが、しかしそうした構造そのものが変革されていく時期や場所があります。現代は社会や都市の構造の変革・メタモルフォーシスが進行している時代であります。

別の角度の問題として、次のような点をまた考慮してみたいと思います。私たちの時代のマスコミュニケーションやマスプロダクションが、私たちの生活にもたらしてきている影響でありまして、私たち現代の人間は物資とともにますます普遍的なものに、また匿名的なものになりつつあります。たとえば一九五〇年の電気掃除機と一九六〇年の電気掃除機は、非常にちがっておりますけれども、一九六〇年の電気掃除機と同じ年のタイプライターは非常に似ております。またこれが病院であるのか工場であるのか、あるいは教会であるのかわからないような建築が非常にたくさん出てまいりました。物質ばかりでなく人間もますますユニヴァーサルなものに、そして群衆としてアノニマスになりつつあります。しかし、自分自身の固有性を示そうとする欲求は、人間にとって本質的なものであります。そこで現代人は、自分自身をアイデンティファイするために、馬鹿げた気違いじみた広告にたよっております。とにかく、人間にしろ物質にしろ、その普遍性ということと、自己の固有性を示すという本来の欲求、あるいは匿名的であるということと、それがなんであるかということが理解しやすいということと、そういう二つの両極のものが共存しております。それもやはり現代の文明社会のジレンマの一つの特徴だろうと思います。たとえば東京に例をとってみますと、あらゆる地域が同じような人口密度をもって、同じような高さの建物で、また同じような性格や機能をもってだらだらと伸びております。ここには地域地域をアイデンティファイする要素がほとんどありません。家についても同じことがいえます。それをアイデンティファイする努力は、やはり広告という形であらわれてきております。しかし現在それらの広告は、むやみやたらとたくさんの無秩序な広告のうずのなかに、広告自身が自分をアイデンティファイできないような状態になってきております。広告そのものがアノニマスに、匿名的になっております。

このように見てきますと、先ほど話にでました、ヒューマン-スケールとスーパー-ヒューマン-スケール、あるいはスタビリティとモビリティ、あるいはエターニティとチェンジビリティ、またアイデンティティとアノニミティ、さらにコンプリヘンシビリティとユニヴァーサリティ、などの二つの極が現代社会の矛盾として、混乱したかたちで共存しております。それは現代の進歩しつつある技術文明と、歴史的な存在としての人間生存の間に起こっている矛盾の反映として出てきております。これにどうして橋を架けてゆくか、この混乱にどのような秩序を与えるか、それには人間の創造が唯一の答えであるという話をいたしましたが、しかし、創造はなんらかの方法なしに可能であるとは思えないわけであります。

方法に関しまして、私は現代の科学における認識から暗示を得られるのではないかと考えております。その一つは生命をあつかう科学であります。もう一つは純粋な物理学、あるいは数学であります。現在のところ生命の原理というものはまだ見つかっておりませんが、有機体はマクロに観察される場合、細胞を秩序づけていくことによって構成されているひとつの安定したものと見られるわけです。そうして個々の細胞が、常に新陳代謝をしながら、自分の生命を持続させているということでありますが、それを見ようとすれば、さらに細胞そのもののなかをミクロに観察しなければならないでしょう。原子とか電子とか、そういうスケール、レベルで観察しなければなりません。そこには非常に自由な、あるいは恣意的といってもいいような電子・粒子の運動が見られます。それにたいして、数学者や物理学者は、グループセオリーとか、プロバビリティの概念で接近しております。

現在の科学は生命の本質に、一方はマクロスコピックな理解によって一つの秩序ある組織を観察しております。しかしまた一方では、ミクロスコピックな観察によって接近しております。そこでは生命の運動は自由な秩序をもたないものとしてみられます。もちろん、まだ生命の本質に肉薄するというところまでいっていないわけでありますが、私はこの二つの理解の仕方は、私たちの現代の芸術にも現われてきているように思います。システムと序列をもった結合の仕方、すなわち秩序を表現している芸術、他方、自由なアクシデンタルな形で、しかもそれが自由に集められたグルーピングの表現をもっているアンフォルメルな芸術であります。この現代の科学と芸術がもっている二つの接近の仕方、二つの追求の仕方というのは、当然デザインにもなんらかの形で反映されてくると私は考えたいと思います。これは、秩序と自由という根本的な問題をも含んでおります。しかし大事なことは、この両極からの接近が相補うことによって、はじめて全体像に達しうるのでありまして、一方からでは、それを見きわめることができないということであります。矛盾とみえることのなかに秩序を創造していくことが求められております。

（一九六〇年五月）

V 機能と空間

1　美しきもののみ機能的である

機能的なものは美しい、という素朴な、しかも魅惑的なこの言葉ほど、罪ふかいものはない。これは多くの気の弱い建築家たちを技術至上主義の狭い道に迷いこませ、彼らが再び希望にみちた建築に帰ってくることを不可能にしてしまうに十分であった。彼らは「美しい」という言葉を、ひそひそとは語ったが、堂々とそれについて語ることを躊躇《ちゅうちょ》した。機能的であることを主張して、その建築の醜悪さをかばった。その言葉には何かしら、安心感を与える魔力があったのである。

何か美しいもの、豊かなもの、そうして精神をゆすぶるものにあこがれて、建築の門にはいった若い学生たちも機能主義の洗礼をうけて卒業してゆくときには、すでに「美しさ」について語ることはタブーであるかのように、口をつぐんで、その門を出てゆくのである。

人の肉体を心地よくさせ、目を見はらせ、そうして精神を感動させる「美しさ」に背を向けているかぎり、彼らは人間に背を向けていたのである。

パルテノンも、伊勢も、そうして法隆寺も、それらは人間のものではなく、神々のものであったとレッテルをはるだけでは、建築は理解されない。それらは、「美しさ」のゆえにすべての人間のものであったし、またあるのである。同じ六畳の住居空間をとっても、このことは同じである。肉体を心地よくさせ、精神をさわやかにする六畳も、それらをいらだたせ、不快にする六畳もありうるのである。

いかに高邁《こうまい》な社会的機能をピロティに与えたといっても、そこが、じめじめとして陰欝であり、不潔であるならば、それはピロティではない。そこが、ピロティのもつ意味をつたえて、何か精神を打ち、肉体を動かすものをもっていなければ ならないのである。それは 社会的連帯の 表現として、ピロティでなければならない。ピロティの意味は、壁のもつ疎外的な表現から解放されて、軽軽と、また力強く、上部構造をささえるという形態の均衡にあるのであるが、これはまたピロティの社会的意味と対応するところのものなのである。

ある人は、この今の日本で、美は悪であるという。たしかに、そのような面がないとはいいきれないものがあるであろう。しかし、だからといって、生活機能と対応する建築空間が美を実現し、その秩序を通じてのみ、建築空間は、機能を人間に伝えることができる、ということを否定しうるものではない。このような意味において、「美しきもののみ機能的である」といいうるのである。

（一九五五年一月）

2 「はじめに機能がある」と「はじめに空間がある」

生活を伝統と進歩との、私的なものと社会的なものとの交錯した抵抗的な発展として、動的に見る立場からすれば、空間における限定性——秩序と自由——、時代性と永遠性——短期と長期——の問題に目を向けなければならないであろう。生活を進歩の、あるいは近代主義化の一すじのものと抽象し、そこに現われる生活機能の分化を生活そのものと考え、それにそって生活空間をますます限定化してゆこうとする傾向は、またそこには、内部機能の素朴な表現が伴っていることが多いのであるが、素朴な近代主義——機能主義のなかに、きわめて濃く、現われているところである。とくにその限定された空間の結合の仕方のなかには、偶然的なものが、普遍的なものと同時に現われがちである。

それにひきかえ過去の、住居、とくに農家や町家に現われたすぐれた典型となった住居の伝統のなかには、この空間の限定性＝無限定性が、たくみな輪となって、生活を包容していたことがよくわかるだろう。

かつて、このような住居は 封建的と呼ばれた。私は、それはその中で 行なわれていた 生活機能の、また生活意識の封建性であって、その生活空間そのものが一義的に封建的であるのではないと考えたいのである。私の考えを先取的にいうならば、機能と空間の対応は一義的であるのではないのである。「はじめに機能がある」とする立場と「はじめに空間がある」とする立場は、一見全く相反したもののように思われる。この「はじめに機能がある」とする見方は、認識として本質的であり、また「はじめに空間がある」とすることは、存在として根源的である。素朴な機能主義の立場からは見失われていた、この「はじめに空間がある」とする根源的なとらえかたは、再びよびさまされる必要がある。

空間は本来、限定性と無限定性の統一である。また生活も、認識としては機能であり、またその分化が考えられるが、存在としては動的である。それは、すでにいったように抵抗的交錯として動的であり、また生物学的に流動である。

このような、建築空間と生活機能の対応が、建築創造の課題であるといいうるのである。私は、建築創造の立場から、この二つの空間と機能とは、互いに対応すべきものでありながら、しかもけっして一義的に対応しないものであり、それぞれが独立に本質的であり、根源的であると考えたいのである。そうして「はじめに機能がある」立場と、「はじめに空間がある」立場とは、建築創造においてはじめて統一されるのである。

（一九五五年一月）

3　建築の尺度

私はローマで神々の尺度によって建てられた建築の前で感動した。そこをたってロンドンに着いた日、このことをグロピウスにたどたどしく語った。グロピウスは、近代建築は人間の尺度によって建てられなければならないことをこんこんと語った。たしかにそれは私たちが守らなければならない近代建築のタブーであろう。そうしてグロピウスの作品のなかには、人間の尺度を越えたところは見いだせない。しかしその時、私はすでに広島の陳列館で、人間の尺度を越えた尺度を採用していたのである。私は、それを現代社会における群集の尺度、あるいは、高速度交通の尺度と考えているのであった。つまり、人間の尺度と社会的人間の尺度という二つの系列について考えていたのである。その後、ル-コルビュジエのマルセイユのアパートを訪れて、社会的人間の尺度とでもいうべき尺度によって構成されているピロティの下に立って、感動した。私は再びイタリアに帰った。ミラノのドーモウの広場を取り囲む巨大なコロネードやギャラリーを、もはや神々の尺度とは思わなかった。ベニスのサン-マルコの広場を囲むコロネードの家並みもそうであった。それらは、そこに群がる人びとに対して、見事な調和であった。アメリカではそのような尺度の調和によって感動させるものに出会わなかった。そうして日本に帰ったとき、丸の内や銀座の家並みの一階は、あまりにも人間的であることに驚いた。その矮小《わいしょう》さは私を圧迫し息苦しくさせた。それはあまりにも非社会的であった。私には、むしろその尺度が前近代的に思われた。私は、広島の平和会館①-①②の実施設計にあたって、人間の尺度と社会的人間の尺度の二つの尺度の対位によって、建築を構成してみようという野心をもっていた。最初に取りかかった記念陳列館では、社会的尺度による主構造に対して、人間の尺度をもつ階段の踊場の流れや、同じく人間の尺度による鳥かご構造をなすルーヴァが交錯してゆくものであった。

私は帰国したあとすぐに、気がかりになって広島の現場に建設中の陳列館を見に行った。そうして私の意図がさほど間違ってはいないことを感じた。六、四九八ミリの階高をもち一〇、五一四ミリのスパンをもつピロティは、二万人をいれる広場の門として適当と思われる。わずかに斜めに向かい、ゆるやかな勾配をもつ階段を上がると、真正面にドームの遺跡を直視する。二、四八二ミリという階高をもつ横に流れる踊場は、ふと人間の尺度を思い起こさせる。この尺度は上階の六、四九八ミリの階高をもつ二階の陳列室のなかに予定されている中二階に再び現われるのである。また、慰霊碑に向かって凹面をなす壁面のあるテラスは、広場で行なわれる祭典の背景として、尺度になっているように思われた。

一〇、五一四＝六、四九八＝四、〇一六＝二、四八二＝一、五三四＝九四八＝五八六＝三六二＝二二四＝一三八＝八六＝五二の系列と、それぞれの二分の一の値をもつ系列があらゆる部分の寸法を決定しているのであるが、そのなかに、六、四九八を主調とする社会的尺度と、二、四八二を主調とする人間の尺度との対位が試みられているのである。じつはこれらの尺度の採用までには、私たちの間で、ながい論議が行なわれたのである。

本館――コミュニティーセンター――の設計に際しては、ためらうことなくこれらの尺度を採用した。コミュニティーセンターは、流動的な社会的空間と、よどむ私的空間との見事な統一を必要とするものである。私たちは、社会的人間の尺度と人間の尺度の二つの尺度の対位を手がかりとして、求められる空間を探し当てようと試みたのである。しかしそれは予想以上に困難な作業を必要とした。

大集会室の設計も、これらの尺度によってすべてが決定されている。

時おり、人から陳列館のピロティや本館や大集会室を取り囲んでいるコロネードについて、何か無駄なことではないかという批判を受けたことがある。私たちは、このように考えているのである。「もしそれが経済的投資の対象である場合、直接に利潤をあげうる有効面積はコロネードによって著しく減少したことになるだろう。しかし、むしろ利潤を期待しえないその部分にこそ、もっとも社会的な無言の効用がある」と。この地が公園として整い、これらの建築がコミュニティーセンターとして完成されたとき、このピロティやこのコロネードは、市民にとって、もっとも楽しい空間を提供するに違いないであろう。空間の経済性とともに、空間の社会性の認識が、必要であることを私たちは深く感じているのである。

（一九五四年一月）

4 空間の秩序と自由

コア-システム

人間のための建築空間を規定する必要最小単位は、頭上をおおう板である。これを支持する構造体は本来邪魔っ気なものである。空間利用の点から、私たちは構造体を掃除することを希望するのであるが、重力の法則はこれを拒む。現代建築家がつぎつぎと生み出した新しい構法は、空間を獲得するために重力と闘ってきた成果にほかならない。

これを大別すれば次の二つの型に分類される。

一つは、構造軀体を外側に排除する方法で、とくに長大スパンを必要とするか、大幅なフレキシビリティを要する時に採用される。

いま一つは、内に向かって集約する型である。軀体はパイピングと一緒に中央に集約されている。このような型は外界との接触なり、自然的な環境条件を室内に生かそうとする意図に合致するのである。

わが国で高層建築を考える場合、地震に対する対応の仕方が、空間計画の死命を決するとみてよい。

一般に、水平外力は斜材や壁板に負担させる方が、節点を剛にするよりも効果的であると考えられている。しかし、そのような固定した壁が平面計画に齟齬《そご》をきたさない位置を選ぶことはしばしば困難である。その耐震壁を外側に排除する時は開口率が低減し居住条件を阻害するので、むしろ外より内へ集約する方が、より望ましい場合が多い。構造コアはこういう意味を担っている。

ここで問題となるのは、コアと、一般ラーメンとのあいだの剛性の差であるけれども、剛比のより良きバランスを見いだすときには、たしかに均等ラーメンより有利な構法であるに違いない。

今日までに、地球上に生息した最大の生物は、すべて脊椎動物であり、甲殻類や軟骨動物に比してはるかにゆたかな機能を有している。しかも、脊椎は肉体の機能をより有機的に働かしめるためにあるので、決して骨格のために肉体があるのではない。

あらゆる建築のもつ内部機能は、一次的要素として、その建築の使用目的に従う。二次的要素として、その建築の使用目的をより円滑にするために必要なものがある。いまここでは事務的建築を例として、その内容を説明すれば、一次的要素とは執務スペースであり、二次的要素とは、交通、設備などのサービスのための部分を指すのである。

しかし、一次的要素と二次的要素の関係は、単に一次的二次的、あるいは主従という分け方だけでなく、建築全体の機能を発揮するために、両者は不即不離ともいうべき相互関係をもつものである。換言すれば、二次的要素は、肉体ともいうべき一次的要素をささえるバックボーンなのである。

ところで、私たちは設計を進めるにあたって、一次的要素、すなわち執務スペースをいかに扱い、二次的要素すなわち、サービスのための共通部分にいかなる任務を与えるかということを、私たちの空間構成に対する基本的概念にもとづきながら、次のように考えてきた。

執務条件の向上について考えれば、一次的要素を好適にして均一な執務スペースとして確保したい、ということは、二次的要素を集約して、一次的要素から排除したいという方向を示すのである。

導線について考えれば、執務スペースにおける事務能率を増進させるために、交通・サービスのための共通部分を短縮しコンパクトなものとして扱うことにより解決される。

フレキシビリティについて考えれば、社会発展の速度の速い現在、建築の耐用年限内における予測される形式機構に対応するため、一次的要素を可変性にとんだものとする必要がある。フレキシビリティのある自由な執務スペースを確保するためには、その他のもの、すなわち固定性のある二次的要素を集約化して排除することである。

設備計画、それのみの面から考えれば、配管、配線のダクトの経済性単純化のために集中させることは、自明である。

平面計画、設備計画を通じていえることは、二次的要素——交通・サービスのための共通部分——なくしては、いかなる一次的要素——執務スペース——もありえないが、二次的要素をコンパクトなものに集約化し、サービス・コアとして扱い、一次的要素から排除し、執務スペースを自由にして均一な空間として確保することである、と約言できる。

これまで述べてきた集約化された二次的要素――サービス－コア――を、いかに扱い、位置させるかということによって、建物の規模・専用性等に応じてさまざまなタイプが考えられる。二次的要素としてのコアを、一次的空間から外側に排除してゆくタイプ、また、その内部に集約化して取り入れるタイプ、あるいは、二次的要素としてのサービス－コアを構造的コアとして考えるか、否か、などによっても、さまざまである。しかし、ともあれ建築空間を一次的要素――機能が複雑になれば、これもさらにいくつかの空間に分化するのは当然であるが――と二次的要素としてのコアを分化させ、類型化し、典型化してゆくことは、空間を秩序づける一つの手がかりとなるものである。と同時にそれはまた一次的空間の自由を確保することとともなるのである。

また、この二次的要素――交通・サービスの統一体としてのコア――は、都市における交通・サービス動脈の支枝でもある。そのために、コア－システムは、都市と建築とを有機的に秩序づけてゆくための一つの手がかりともなりうるという点を留意しておきたい。

私たちもコア－システムによる設計をおしすすめてきたが、その有効性は、かなりの程度たしかめられたように思う。はじめて、このシステムを積極的に適用したのは、外務省庁舎の指名競技設計に際してであった。日本の従来の高層建築は、耐震性を外壁に依存するために、外壁の接地部分は厚い壁となり、また上部の開口率も小さく、私たちの試みようとしている私的空間と社会的空間の相互浸透が完全に断絶させられていたのである。日本の構造技術者や構造学者は、構造的な意味からだけで、ピロティを否定し、また開放的な外壁処理に反対していた。また地震国の日本では、こうした構造家の主張は、ほとんど絶対的であった。

私たちの課題は、これに挑戦することであった。ピロティをもち、しかし上部の開口部も開放的であり、しかも耐震的である構造を探求するということであった。

外務省における提案は、その解決の一つとして、耐震壁を建物中央部に集約する方法であった。しかし、ここで私たちが一番頭を悩ましたことは、コア部分の剛性に比べて、外周部ラーメンの剛性があまりにも低く、その双方が力学的に協力しえないという点であった。簡単にいえば、コア壁に直接に接するラーメン梁のつけ根は、水平力をうけるときには、ひとたまりもなく破壊してしまうだろうということであった。それに対して、私たちは、コア壁から、数層おきにかなりの背のある梁を出して、それを媒介として一般ラーメンに力を伝えてゆくという方法を考えたのである。

この競技設計案は落選したが、このコア－システムは、平面計画や設備計画と、構造計画とを一体として考える立場からは、有効な方法であるということをけっして疑わなかった。

次の東京都庁の指名競技設計のときに、このシステムをためらうことなく適用したのはそのためであった。

東京都庁舎 ①-④⑤ の構造計画は、建物中央列に配置されたコアを幹としたものであるが、長手方向には、このコア相互を、さらにコアと両端ラーメンとを構造的に連結するために、地下二階と地上中二階にかなりの背のある梁が通されている。また短手方向にたいしては地下部分が、コアという幹をささえる根として十分なように、壁が配されている。この方針は実施設計に際して、多くの論議が交わされてきたのであるが、従来の弾性理論が解きうる範囲をこえた問題であった。そうして、リミット－アナリシスの方法が、おそらく日本では、はじめて適用されることになったのである。

こうした構造計画によって、ピロティの上にたつ高層建築、ルーヴァで保護された全面ガラスの高層建築が、地震国の日本で、かつ、経済的な鉄量の範囲で、しだいに可能になったのである。

こうした構造的意味をもったコアが、さらに交通設備などのサービス－コアと統一されることによって、外周部の一次空間――ここでは執務空間――はフレキシビリティと自由を獲得することとなった。これをコア－システムというならば、それは全体の空間組織を秩序づけてゆく一つの有効な方法となった。

しかし、このシステムの一つの欠陥は、構造的な力の集約するちょうど同じところに、設備配管のための構造断面欠損がまた集中するという困難さをもつという点である。

香川県庁舎①-⑥⑦は、ほぼ正方形のプランの中央に、また正方形のコアが配されている。ここでは、構造力学的には、かなり判然としたリミット－デザインの方法がとられ、鉄筋コンクリート構造による高層建築を可能とする一つの方式を開くことになったものである。

ここでは、コア外周壁は二重壁となっており、この間にダクトを配したために、ダクトによるコア構造体の断面欠損を最小限にくいとめることができたように思う。

図書印刷原町工場の場合は、上に述べた高層建築とは異なったものであるが、同じくコアーシステムをとっている。ここでは、サービスーコアは二分され、電気・給排水、排気は地下室、いいかえれば、構造コアである中央柱列の根に収められている。エアーコンディショニングの設備とそのサプライの動脈は、屋根階トラスの中央部に収められている。これによって、一階の全フロアを占める作業用の一次空間は全く二次的要素から解放されて、いってみれば、高度にフレキシビリティのある自由さを獲得している。

もちろんコアーシステムといっても、つねに中央集約型がよいといっているわけではない。はじめにふれたように、一次空間が要求する内容にしたがって、構造コアと結びつけないフレキシブルなサービスーコアも必要とされるだろう。国会図書館の競技設計では、サービスーコア自身フレキシブルであることが好ましいとする私たちの判断によって、構造的には均等ラーメンの形式が採られている。

またコアを一次空間の外部に排除することが有効である場合も、ありうることは当然であろう。

(一九五五年一月)

5　モデュラー・コオーディネーション

私たちが設計をすすめる場合、一貫して試みている方法の一つは、モデュラー・コオーディネーションである。それは空間を構成する建築の各要素を、私たちの設定した数系列の尺度にあわせて、全体の空間や要素とのあいだに尺度と比例の秩序をもたせることである。私たちは一貫して黄金律による数系列――モデュロール――を使用している。またこうした数系列にあるいくつかの基準数値で空間に立体的なグリッドを仮想して、それをたよりに設計をすすめることも多い。いわゆるグリッド・プランニングである。

このような構成手法は、建築を構成する各要素のあいだに、一つの関連づけられた秩序体系をつくり出す手だてとなるものである。これはヴィジュアルな秩序であるとともに、またフィジカルな秩序でもある。フィジカルという意味は、建築空間にフレキシビリティを与えるための部材の互換性や、建築生産の工業化をうながす規格性などといってよい。しかしこうした秩序というものは、たとえそこに規格性あるいは均一性――ホモジェニティ――を一方で要求するものではあるが、それと同時にそれは、自由と変化、あるいは異質性――ヘテロジニティ――を伴っていなくてはならない。それは設計の自由度のことを含むとともに、空間組織や空間感情における自由をつくり出すものでなければならない。

モデュラー・コオーディネーションをこうしたものとして理解することはたやすいことである。しかし、私たちの設計過程をふりかえってみると、それらが十分に実現しているとは思えない。むしろ、私たちが、そうした理解に達するまでにはいくつかの紆余曲折があったのである、といった方がよい。

私たちが建築の学校を出たころは、一方では、いわゆる折衷主義が強い基盤をもっており、他方近代建築家の先達は、戦闘的に機能主義をおしすすめつつある時期であった。そのころ、建築のプロポーションなどにふれることは忌避されていた。日本の伝統的な木割り法なども、むしろ退廃としてみられていた。私は、それでも木割りや、黄金律といったプロポーションは、建築空間にとって、重要なものであることを信じていた。それはル・コルビュジエの初期の住宅のファサードにえがかれている黄金律による斜線の意味するものが一つの刺激になったのだと思う。そうして私は戦前から戦中の競技設計では、平面にも立面にも、この比例の系列を用いていた。しかし、それを数列化するという簡単なすべを、まだ知ってはいなかった。その都度、図式的に求めた尺度と比例をたよって設計をすすめていた。そうした試みのなかで、建築の骨組のもつ尺度と比例が、より細部の建築要素——たとえば窓割りなど——の尺度と比例に秩序づけられてゆく、ということを知った。

戦後、私たちにあたえられた最初の機会は、広島平和会館①-①②であったが、この実施設計に際して、黄金律による比例の系列を、はじめて数系列として設定することを試みた。それは陳列館や本館の柱間として一〇、五一四ミリ＝六、四九八ミリを、一階の階高に六、四九八ミリを用いたものである。これらは私たちが、群集に対する尺度として、社会的尺度とよんだものである。二、四八二ミリの階高をもつ横に走る階段の踊場を、ピロティ空間に配したのは、こうした社会的空間を、再び人間的尺度と関連させるためであった。

本館の設計では、一〇、五一四ミリ＝六、四九八ミリ＝四、〇一六ミリによって構成された基本的構造空間に、四、〇一六ミリ＝一、五三四ミリ＝九四八ミリ＝五八六ミリ＝三六二ミリのグリッドが立体的に仮想され、それをたよりに自由な変化ある空間組織をつくろうという試みがなされている。柱や梁の断面、またその他のより細部の要素も、すべて、一、五三四ミリ＝九四八ミリ＝五八六ミリ＝三六二ミリ＝二二四ミリ＝一三八ミリのいずれかの尺度に統一されている。また補助的には、五、二五七ミリにはじまり三、二四九ミリを通過して、六九ミリにいたる上記の二分の一の数系列も用いられることになった。

この経験は、成功しているとは思われないが、しかし、私たちに、規格と変化、あるいは秩序と自由という矛盾し合ったもののあいだの統一が、不可能なことではないという実感、また各建築要素を全体のなかにコオーディネートしてゆくことの可能性に対する実感のようなものを与えてくれたのである。

無限に存在する数のなかから、ある一定の数値を選出することは、設計における自由度を小さくするもののようであるがこれについても私たちは、設計に使用する寸法の種類はさほど多いものではなく、二、三〇程度の数値――ここにいう数系列――があれば、ほぼ十分であり、それによる制約を感じることはまずない、ということを経験もした。

またこれらの数値はミリメートルの単位まで読まないと、一貫した数系列――一つの数値はつぎの二つの数値に分解できるという関係をもった系列――とはなりえないものであった。これは記憶するのに困難さが伴うものであった。しかし、この記憶の困難さについては、どこか二つの数値さえ記憶しておけば、他は自動的に計算で出てくるものである、という考えから、私たちはさほど重要視しなかった。むしろ、私たちの経験では、設計の期間を通じて、大勢の協力者がお互いにコオーディネートする上に、この数列化はたいへんに有効であった。また現場では、職人一人一人がこれらの数値を記憶しており、寸法上の間違いをおかすことを避ける上にも大いに役立ったものであった。

この数系列はしかし、多くの欠点をもっていた。それは日本の伝統的な規格であった――畳や障子のそれに近く、また多くの工業生産品がもっているもの――六尺とか三尺という数値を通過しないという欠陥であった。

広島平和会館のモデュール		外務省のモデュール		都庁舎のモデュール		香川県庁舎のモデュール	
主	従	主	従	主	従	主	従
mm	mm	mm	mm	mm	mm	mm	mm
10,514	5,257	9,425	4,712.5	8,504	4,252	10,200	5,100
6,498	3,249	5,825	2,912.5	5,256	2,628	6,300	3,150
4,016	2,008	3,600	1,800.0	3,248	1,624	3,900	1,950
2,482	1,241	2,225	1,112.5	2,008	1,004	2,400	1,200
1,534	767	1,375	687.5	1,240	620	1,500	750
948	474	850	425.0	768	384	900	450
586	293	525	262.0	472	236	600	300
362	181	325	162.5	296	148	300	150
224	112	200	100.0	176	88	186*	93*
138	69	125	62.5	120	60	114	57
86	43	75	37.5	56	28	72	36
52	26	50	25.0			42	21
34	17	25	12.5			30	15

ルーコルビュジエのモデュール		香川県庁舎以後のモデュール	
青	赤	主	従
cm	cm	mm	mm
957	479	9,530	4,965
592	296*	5,890	2,945
366*	183	3,640	1,820
226	113	2,250	1,125
140	70	1,390	695
86	43	860	430
53*	26*	530	265
33	16*	330	165
20	10	200	100
12*	6	130	65
8	4	70	35
4	2		
3*	1*		

*は不連続点を示す

そのころ、すでにル・コルビュジエのモデュロールの研究がすばらしい形に蓄積されているのを知って、私たちは驚嘆した。むしろル・コルビュジエのモデュロールをそのまま使用すべきではないかと考えたこともあった。しかし、一つだけ気になる点があった。それは数系列がいくつかの不連続点をもっているということであった。

それは一、八二九ミリ＝一、一三〇ミリにつづく六九八ミリの点であり、また六九八ミリ＝四三二ミリにつづく二六七ミリの点である。この一ミリの誤差はネグレジブルにはちがいないが、しかしセンチメートルで示される数値では、多くの個所で不連続点があらわれている。つまり下の二つの数値の和がその上の数値となっていないという点である。これが実際の設計では、かなりの障害となるものと予想されたのである。

外務省庁舎の競技設計のときには、日本古来の尺度である三、六〇〇ミリを通過し、二、二二五ミリ＝一、三七五ミリとつづき一二五ミリに達する系列と、一、八〇〇ミリを通過するその二分の一系列とが用いられることになった。しかし、ここでは、二分の一系列には〇・五ミリといった小さい単位がでてくること、また窓台や机の高さなどに適当な尺度が得られないこと、などの欠陥のために、非常に使いにくい系列となってしまった。

東京都庁舎①-④⑤の設計にあたっては、再び広島で採用した数系列の二分の一系列を基本にして多少の修正をほどこしたものに改められた。つまり、五、二五六ミリ＝三、二四八ミリ＝二、〇〇八ミリ＝一、二四〇ミリとつづいて一七六ミリ＝一二〇ミリに達するものと、その二分の一の系列である。

ここでも私たちは新しい困難に遭遇した。それはいわゆるモデュール――一定基準尺度の整数倍による系列――とモデュール――黄金比率による系列――とのあいだの矛盾であった。

一般の事務所建築や工場建築などには、机の配列や、工場機械やそれに伴う配線配管などから要求される基準寸法――モデュール――があり、こうした空間は、その基準寸法でグリッド分割されることが好ましい場合が多い。これは外壁の窓割りやサッシュ割りにも反映される。ところがモデュロール系列の数値は二種類の異なった数値には分割可能であるが、整数分割の可能性がない。

この関係は、外務省の場合は、柱間を五、八二五ミリのモデュロールにとって、それを一、一一二・五ミリ＝一、八〇〇ミリ＝一、八〇〇ミリ＝一、一一二・五ミリと分割して、向かい合わせ方式の机配列とコオーディネートさせているが、その関係は、あまりクリアーではなかった。それとは逆に、東京都庁舎では、そのときに設定された数系列のなかから五、二五六ミリを柱間として選び、それを三分割した一、七五二ミリをサッシュ分割の単位寸法として、同時に片向机配列とコオーディネートさせているが、その寸法はこの数系列には含まれていない数値であるので、それを他の要素――たとえば天井高、窓台などとコオーディネートさせることができなかったのである。

こうした矛盾の経験は、私たちに別のモデュロール系列を追求させる結果となった。それは国会図書館の競技設計と次の香川県庁舎①-⑥⑦で採用した数系列である。

日本の古来の尺度である尺を示す三〇センチを単位として、しかも黄金律関係を満足させるというものであった。これは三〇センチにはじまり六〇センチ＝九〇センチ＝一五〇センチ＝二四〇センチ＝三九〇センチとつづく主系列と、一五センチ＝三〇センチ＝四五センチ＝七五センチ＝一二〇センチ＝一九五センチとつづく従系列である。この九〇センチとその倍の一八〇センチは日本の古来の単位性をもっている。この系列はある程度、単位性と黄金比関係とをともに満足させるものではあったが、その最大の欠陥は、これらの数系列から人間寸法にコオーディネートする尺度を見いだしえないという点にあった。

付記——香川県庁舎以後の私たちの設計では、別掲の系列が用いられるようになった。それは外務省系列を修正したものであったが、ほとんど、ル・コルビュジエのモデュロールに近いものとなっている。それは五ミリを単位としているが、ル・コルビュジエのモデュロールに見られるような不連続性がここでは解決されている。

（一九五五年一月）

6　機能と空間の典型的対応

個々の建築が、分化した諸機能の一つとして、都市全体との構造的関連で考察されねばならないことは、すでにふれたところであるが、ところが、その機能を内容として建築空間を構成するためには、設計の過程で複雑な問題が残っている。空間は基本的には機能との対応関係によって成立するにもかかわらず、いったん空間として実現した暁には、それ独自の性格を有して、逆に機能に働きかけるという、空間と機能のあいだには二重の関係がある。機能は空間を規定するが、機能は自動的に空間を創るものではない。一方、空間は機能に規制されるが、空間はまた新たな機能をも創り出すものである。この二重の関係は建築創造の瞬間において統一されるものである。しかし、実践的には「はじめに機能がある」、「はじめに空間がある」という問題提起が形式的にしか受けとめられず、機能と空間の本質的な統一を発見できなかった。

たとえば、香川県庁舎①-⑥⑦の計画にあたって、私たちはまず厚生施設を他の諸機能から峻別して、これを意識的に職員に利用されやすい位置に置こうと考えた。主屋の四階（この階は下屋の屋上に連絡して、屋上が積極的に利用できる）を、レクリエーション-フロアとして、これらの施設を集中したのだが、全体の統一を優先させるため、他の執務空間のフロアと同様な空間的処理しかなされていないところに、実は問題があった。

現在のように、一般的には職員組合がその生活や健康を守る権利を必ずしも獲得できていないような条件下では、この厚生関係の室を無限定的に極度のフレキシビリティをもたせて他階と同様に扱うならば、力関係が移行した場合、しばしば厚生関係室は執務空間にとりこまれてしまう危険性を有している。私たちの経験では、清水市庁舎でも全く同様の実例をみてしまった。


これらの場合、厚生関係の室を他と区別し、それ自身として類型化したことは正しい。ところが、その内容を完全に発揮できるような空間が、この場合獲得できていなかったのである。それは、機能を単に類型化する段階に止まって、機能を真にそれ自身として実現させうる独自の空間として、理解していなかったためである。


では、私たちは、機能と空間をいかなる方法で統一していったらよいのであろうか。

機能と空間との相関関係については、従来、対蹠的な二つの見解が支配的である。

その一つは、空間が建築創造の過程で果たす役割を著しく軽視して、その建築に要求されている内容、いわば機能を表面的に解釈し、そのオートマティックな積重ねで事足りるとするもので、私たちが機能主義として理解してきた方法である。

他はむしろこれとは逆に、建築全内容において、空間を絶対的と見なし、空間の表現を過大評価するあまり、その内容としての諸機能から遊離してしまう傾向で、明らかに形式主義であり、モダニズムと称されているものはほとんどこれに属するといってよい。

機能主義は、歴史的には、すでに形骸化した旧様式追随と闘い、発展的に新しい内容をくみあげてゆこうとした点では前進的な性格をもっていた。ところが、建築が一つの表現体として完成されるプロセスにおいては、単純に合目的性、有用性、経済性など合理的と思われる面のみによりかかって、それをひたすら組み立てればいいという、素朴な方法しかもっていなかった。

そのため、資本主義社会においては、たんなる資本のための合理性を主張される危険性をもったのみならず、分析的にとらえた機能を固定化し、空間をそれと一義的に対応させたため、そこで実現された空間はきわめて個別的であり、限定的となり、空間が逆に機能の内的な発展を阻害する結果となっている。機能主義のこのような行き詰まりは、機能がただ、ある断面で静的にとらえられていたこと、さらには機能要素相互、全体とその要素との関係などが有機的、構造的にとらえられていないこと、などに原因する。いわば、機能主義はこれらの諸関係を見落としたため、いたずらに手近な現実の要求を直接的に実現することに終始したのである。

たとえば、建設省の公営アパート標準設計のあるものなどでは、使い方の面から分析がそれなりに細部に亘って追求されている。しかし実際に示されたものは、それらの個々の集積でしかない。これは、一つには分析がその発展的な内容に迫っていないことにもよるが、やはりそこで空間がその機能を満たすべく形成されていないこと、とくに技術的な解決がいたってコンヴェンショナルであり、空間形成がそれに伴って全く限定的となっているためで、機能主義の素朴な方法から抜け出せない点が原因であろう。あるいはごくコマーシャルな建築も、いくつかの固定的な要求がそのままなまに出てきているが、現実を皮相的にしかみていない点では、やはり機能主義と同列の限界をもっている。

機能はそれ自身発展し、機能相互の構造的関連も変化する。こういったダイナミックな現実の様相にたいして、はっきりいって機能主義はそれを満たす建築空間の創造に失敗した。ところが一方では、このように変化するがゆえに、かえってとらえがたいものと考える傾向が現われている。機能はたしかに変化する。ここでこの変化するという性格をとらえて空間はその機能の変化に対応してゆかねばならないとする。この点では正しいのだが、ひたすら変化するという点のみに着目して、いわば無特定の機能に対応する空間を創ることを目標とする、つまり「いかなる機能の変化にも対応できる空間」を想像することになる。そのためしばしば空間が機能から遊離して独走してしまった。建築が機能から出発するのではなくある特定の性格を有する空間の追求に終始しはじめる。

ミースのいわゆるユニヴァーサル‐スペースは、この例であろう。彼は、一貫して一定の性格をもった空間のみを追求する。個々の学校・住居・オフィスなどは、彼にとっては彼の空間を具現する場にすぎない。問題はユニヴァーサルな空間の表現的性格の追求である。しかし、ここで明瞭にみられるように、極度に均質化してゆく空間は、はっきりいって実は現実的でない。さきに、香川県庁舎のレクリエーション‐フロアの扱い方の場合で指摘したように、これは形式主義である。空間からのアプローチによりかかりすぎている。

また、空間を完全にフレキシブルに扱い、いかなる変化にも対応できるよう均質化してゆく方向は、一面ではパチンコ屋が明日には喫茶店になる必要性が出てくるといった、全く不安定な自由競争を基盤にした現在の資本主義社会が、建築に要請する基本的な法則性でもある。

一定の投資額から得る利潤を、建築物の耐用年限内で最高のものに保持しようとする力と関連するものである。

しかしながら、この理由によって、私たちがフレキシブルな空間を一切つくるべきでないという結論はでてこない。

ただ機能を抽象的にとらえて、普遍化できるという錯覚を起こしてはならぬということに注意したい。しかも私たちがいわば目をそむけたくなるようなこの現実のなかにこそ、将来に発展する萌芽が存在することを知っておく必要がある。

機能主義的な方法も、形式主義的な方法も、それぞれ具体的な建築として私たちに示される場合には、必ずしも全面的に否定すべきものだけではない。しかしながら、私たちが次の創造にすすむためには、この両者を完全に否定してゆかねばならない。とすれば、いかなる方法をとるべきだろうか。

それは一口でいうと現実を典型的に反映させる方法である。機能を典型化し、それに正しく対応する空間を統一的に構成する方法である。

では機能を典型化するとはいかなることか。一般的に、私たちに直接示される機能は、なんらかの意味で個別的である。時には全く偶然的な要素でそれを決定しているかもしれない。しかし、これらの個別性・偶然性も、実はその機能の本質的な発展と、各時期における一定の社会構造から規制されている。それゆえに個別的、あるいは特殊的なケースしか私たちの前には示されないのであって、実はそのままを受けいれてその範囲を出ない計画をやるとすれば、私たちは単なる現実への妥協に終わるだろう。これをまた観念的にとらえて、シェルターさえあればあとは何とかなるなどと考えるのは形式主義であって、裏返しの妥協にすぎないことは、すでに述べたことである。

これらの個別的、特殊的な現象のなかから、歴史的発展の必然性と、社会的構造の本質をさし示すことこそが典型化であって、諸機能を普遍性や一般性のなかに解消するのとは異なる。だから、私たちはあくまでその時々の条件を全体の構造的関連のなかにとらえ、そこから前進的なもの、本質的なものを抽出し、それが実現できるよう努力する必要がある。

いいかえると、典型化とは個々の機能の現象的な相から、その内部にわけいり、その本質的な構造をつかみだそうとするもので、現実よりの一種の抽象作用を通じてなされるものである。しかもここで抽象されたものは、再び具体的な現実にかえされることが予想されていなければならない。しかし、機能を典型化する操作はいわば出発点にすぎない。その機能をまさに典型的たらしめるには、次にそれが建築空間の具体的な構成と結びついたときだといっていい。

具体的にはこの現実化を媒介するのは建築の方法であるが、私たちはいくつかの実践のなかで、この典型化を次のように考えてきた。

たとえば、フレキシビリティを獲得することは、執務機能の典型化を可能にする一つの解決である。オフィスの執務空間はその範囲内では極度のフレキシビリティを要求している。一定の状態で私たちに示される機構はしばしば変化する。この事実を私たちは、機能の本質的な発展が、そのにない手の社会的立場によって規定されると考えたのである。コアーシステムはこのフレキシビリティを要求する空間を得るための一つの方法体系である。都庁舎①-④⑤・香川県庁舎の場合には基準階の中央部にまとめられ、固定的な性格をもつ諸要素を執務空間から分離したわけである。構造体の扱い方では、これを完全に排除できた香川県庁舎の場合の方がすぐれているといえよう。

かくして得られた空間には一定のモデュールによりグリッドが引かれ、この線上を可動パネルが移動できるようになっている。モデュールは机配置、人間の使い方寸法などの普遍的な性格の要素を基準としている。そしてある時期での要求にしたがってこの普遍的なもののうえに立って、特定の使い方がなされるのである。しかし、ここで普遍性のみに着目してはならない。現実ではこの普遍性がいろいろな面で貫かれながらも、時どきのにない手の構造に規定され、つねに特殊的である。だから典型化とは普遍性と特殊性の統一を発見することともいえる。

ところがこのフレキシビリティが、あらゆる機能に対して同時に普遍的な解決であるとは限らない。たとえばある種の機能は、他の機能から分離してゆく傾向をもつが、混在することによって、その成長が阻害されるものさえある。社会の発展段階に応じて機能分化は進行するのだが、分化とは明らかにこの混在からの分離であり、機能の発展法則である。とすれば、建築全体を総合的に計画するならば、この機能分化を明確化して、あらかじめいくつかに類型化しておくことが、個々の機能の典型化を促進することになるわけである。執務空間、厚生関係空間、集会用空間などを、たとえば一階回り、標準階、オーディトリアム、地下階などとして、レベルあるいはブロックで大きく類型化することは、その機能を正確にとらえ、おのおのの発展を可能にする方法で、まさにフレキシビリティをして機能の典型化の効果的なささえにするためである。そして同時にこの類型化された機能相互の構造的かかわり合いも同時に考察せねばならないことはもちろんである（たとえばピロティは独自の問題をはらむが、この段階での問題である）。いくつかの例で示したように、典型化を行ない、これを実現させる場合、その典型化をはばんでいる現実から大きい圧力もしくは規制がある。しかしながら、典型化とは建築を通じて、こうした現実の抵抗に効果的に働きかけるものである。そういう意味で、私たちは最大限の努力でこれを貫いてゆきたいと思う。

（一九五六年六月）

（本編は、「新建築」一九五四年一月号、一九五五年一月号、一九五六年六月号の掲載文に多少加筆したものである）

Ⅵ 設計の経験

1　広島計画——都市のコアについて

人びとが原子力を語り、原子力の残忍な暴力を否定し、世界の平和を思うとき、いつも広島の記憶は、人間の心の奥底に生きているのである。一九四五年八月六日、人類が経験したもっとも不幸な日に、広島の人たちは、「世界のどこの隅のどの人の頭の上にも、あれが落ちるのを想像するだけでも、絶対にいやです」と感じ、また祈ったのであった。これは自らの苦悩や恩讐を越えた心であったし、また国を越え、党派を越えたもっとも純粋な心の奥底からの願いであっただろう。

いま、平和という言葉は、微妙な響と色調をもって語られている。むしろ平和を脅かすような問題が、再び堆積しつつあるのである。このようなときに、この平和への祈念は、素朴と一笑に付されるかもしれない。平和とは政治的均衡の問題であり、経済的安定の問題であって、単なる祈念のことがらではない、とある人びとはいうであろう。たしかにそれは平和の条件であろう。

しかし、人間が、その条件である政治や経済に抗して、平和を闘いとろうとする精神の純粋な運動は、原子力時代の知性の新しい動向と思えるのである。

年々八月六日の平和の日に、市民は爆心地に集まって、平和への祈りを捧げてきたのである。

市長は、はやくからこの地を、平和のための世界的な一つの中心として建設しようという理想をもっていた。広島は他の戦災都市と同じではない。ここは世界平和の根拠地であるという確信をもっていた。日本国会もようやく一九四九年五月にいたり、この広島を「恒久の平和を誠実に発現しようとする人間の理想の象徴として、平和都市として建設する」ために「広島平和記念都市建設法」を衆参両院の全会一致で可決し、さらに広島市民の九割余の支持票を得て、同じ年の八月六日を期して、公布することとなったのである。

それによって、平和公園とそこに立つ平和会館①-①②の建設が、広島の平和的再建の中心課題として開始されたのである。

私たちは、終戦の翌年以来、広島の都市計画に参画する機会を得た。私たち七名は、爆心地に近い現場小屋を根城にして一ヵ月余を、まだ血なまぐさい現地で、調査や計画の作業をしたのである。それ以来、私たちは広島をしばしば訪れる機会をもった。そのとき鼻をさし、目を射た情景は、まだ私たちの心の底に焼きつけられている。

いま平和公園の一角に立って、私には、深く胸を打つものがある。この感慨は広島の人びとにとってはなおさらのことであろう。

公園にはすでにかなりの植樹がほどこされ、広場には芝が生いたち、そこに平和会館が建設されてゆく光景、また広島を訪ねるあらゆる国の人びとが、一度はここを訪れ、祈りを捧げてゆく光景、さらに、のどかにこの公園を散策する人びとに接して、七年前、この広島の発祥の地ともいうべき中島一帯のあの荒涼たる様相を焼き付けられた私たちの胸はつよく打たれたのである。

この建設については、批判もあり、また、問題も含まれていた。この経過報告には、十分ではないが、それにたいする多少の答えが含まれているであろう。私たちは、すでに当初からこれらの建設の意義を、その究極の理想像のなかにおくよりは、むしろその建設過程のなかに見いだそうと考えてきた。いまそれを顧み、またその将来を思うとき、この建設の過程は日本が進みきたり進みゆく道を象徴しているもののように思われる。

ここに立てられた慰霊碑には「安らかに眠って下さい。あやまちはくりかえしませぬから」と刻まれている。この自覚が、ここを訪れ、この前に立つすべての国の人びとの自覚となって——再び世界があやまちをくりかえさないことを。

（一九五四年一月）

一九四六—一九四七

戦災復興院（建設省の前身）の委嘱をうけて、広島市および広島県に協力して広島復興都市計画のための基礎的調査と土地利用計画に参画する機会を得た。広島のために丹下健三・浅田孝・大谷幸夫・石川允、呉のために武基雄ほか二名が参加したが、両者合同にて両市の調査立案にあたることとなった。

一九四六年私たちが現地におもむいたときにはすでに道路計画、緑地計画の大綱は決定されたあとであった。これが、私たちの土地利用計画と相いれない点を幾つか残していて、相当の論議を重ねる結果となった。


道路系統に関しては、とくに広島駅から西南に向かって斜行する道路を含むかなり錯綜した系統にたいして、私たちは、斜行する道路を否定して、整然たる道路系統を主張し、その論議は、翌年に及んだが、すでに決定を見ていた原案を変更することができなかった。市の中央を東西に走る一〇〇メートル幅の道路については、防災の点から、すでに決定されていたものであったが、多少の論議の余地を残していた。私たちはそれを緑道として考え、賛意を表した。この道路の建設は多くの犠牲をかけて強行されてきたが、現在の空漠たる様相を見る人々から、批判を受けている。しかしここがよく設計された植樹がほどこされた暁には、広島の東西を結ぶすぐれたレクリエーション施設となることは疑いない。

緑地系統については、私たちが原案に加えて、すでに使用価値のなくなった宇品西側の港に沿う埋立地——戦中戦前、東側は旧軍用にあてられ一般の使用は不可能であったが、現在はそこが有効に使用されるために——を臨海公園として解放し、海に臨みながら海を失っている広島に再び海を与えたいと主張してきたのであるが、案としては否定されなかったが、しだいにその県有地は切り売りされて、その実現が不可能となったことは残念である。

なお、すでに決定されていた中島公園——現在の平和会館敷地——と、その北に連なる中央公園——旧広島城西地区の旧練兵場——の性格について論議をかわし、また論議を残したのであるが、その性格は第二の時期一九四九—一九五〇にしだいに明らかとなってくるのである。

地域地区の計画については、私たちの計画がほとんどそのまま実施され、また現在の市街地の発展もほぼそれに従った展開を示しているように思われる。戦前の地域制に比べてかなり飛躍したものであって、商業地域にあって中央部分の集約化を意図するとともに、周辺については**生活圏に即し**た分散が計画的に行なわれた。工業については、予測される工業業種に対する立地的立場と、呉につながる工業地帯への指向とが考慮されたものであった。公館地区については、旧広島城の南東部に集約さるべきものであったが、各出先官庁がそれぞれの身勝手な立場と勢力によって旧軍用地の払い下げの交渉を行なったため、十分な計画の効果が期待できなくなったことは残念であった。

（一九五四年一月）

一九四九—一九五〇

一九四九年五月「広島平和記念都市建設法」の国会通過を前後する時期に、平和公園、および平和記念館の競技設計公募にはじまり、しだいに広島が平和都市としての性格を明らかにし、その構想を固めていった。

これらの構想は、すでに終戦直後からの都市計画のなかに、漠然とではあったが、内包されていた。市の中心であり、また市の発祥の地でもあった中島の一角が不幸にも爆心地となり、もっとも多くの犠牲者が土に帰ったのであったが、広島市はその土地を記念して公園を建設しようと考え、中島公園と呼んでいた。その一隅には、普通ドームと呼ばれて有名である旧産業奨励館の遺跡があった。それを原爆の記憶として残すべきか、そのような記憶は忘れるべきかについても当時真剣な論議が重ねられていた。その結果、保存するということに決定されたのであった。

そうしてまた、この公園をどのように施設すればよいかということが、つねに広島市にとって重要な課題であった。私たちは、一九四六—四七年の時期に、ここには市民の中心的機能でありまた象徴である市庁舎と、市民のコミュニティー・センター——それは公会堂・図書館、さらに原爆資料室からなっている——を施設することを提案した。しかし旧市庁舎がそのまま修理され使用されることが決定的となり、この案は実現しなかった。そのころ、むしろ慰霊堂を中心とした平和記念塔のようなモニュメントを建設しようとする動きの方が強かったのであった。当時市の顧問であった英軍建築家は、盛んに五重塔のごときものの建設を主張していた。私は彼の訪問を受けたとき、東京の震災供養塔に案内し、あなたたちはこのようなものが欲しいのかと、問いただしたことを記憶している。

私たちは、市長の再度の諮問にあったとき、次のように考えた。「ここに設けられる施設は、広島の市民が平和への意志を結束させるための施設として、コミュニティ－センターであることが望ましい。それはまず、市民が集まるための広場と集会場をそなえていなければならない。ここではまた国際的な会合を催すことができるであろう。それに加えて、コミュニティ－センターとしてそなえていなければならない会食の施設、図書室、展示室その他が必要であろう。とくにここでは原爆の資料室はつねに記憶をあらたにするものであり、それがまた明日の平和への意志として働くものとなるであろう。これらが平和のために有効に働きうる施設であるにちがいない」と。

広島は貧しい日本の一つの都市にすぎない。生産力においても、また弱い一つの都市にすぎない。広島の市民生活の再建が困難をきわめていることは、他の都市に比べてさらに切実なものがあった。たしかに広島の復興の出足はほかの都市から一年も二年も立ち遅れていたのである。このようなとき壮大な記念塔のごときものの建設は無駄であるばかりか、むしろ罪悪である。住宅の建設もはかばかしくないときに、しかもこのような、コミュニティ－センターのごときものの建設は必要なのであろうか。私たちは自ら問い、答えていた。「市民生活の再建も、単に個々の再建であってはならない。有機的な統一のあるコミュニティの新しい建設でなければならない。そのコミュニティの創造のために、その中心施設の建設が、市民生活の再建と歩調をともにすべきである」と。

私たちが考えた広島のコミュニティ－センターは、しかし、きわめて特殊なものであった。それは広島市民生活再建の中核的な施設であるばかりでなく、さらに、あの広島の記憶を統一のある平和運動にまで展開させてゆくための実践的な機能をもった施設であって、それに加えて、記念塔のごときものの必要を認めなかったのである。

しかし、このような判断にもかかわらず、私の心情は、迷わざるを得なかった。慰霊堂を含む記念塔を、広島の人びとが、求めていることのなかに、意味があるように思えるのであった。無垢の犠牲者を、父や母や、妻や子にもつ広島の人びとの願いに対して、何か慰霊し、祈念するための施設を、ささやかなものであるにしろ、もちたいと感じたのである。これが私たちの答えであった。

広島市ではその後一年余りのあいだ、これについての構想を固めていった。「平和記念都市建設法」の国会通過と前後して、平和記念公園および記念館が競技設計として提出された。私たちはこれに応募するにあたって、次のような方針をとって計画にとりかかった。

第一には、都市計画的な考慮であった。この平和会館は市の中核的存在である。そのために都市計画の南北、東西の二つの基本的な軸線のなかに、均斉のある配置をもつことが必要である。次に人間の流れに対しては、五つの線がこの公園に集まってくる。しかし、南北の自動車の通過交通は西側河岸に配して、公園としての落ちつきを乱さないように考えられた。第二には、以上の基本的な軸線と動線のうえに、四つの基本的な施設——平和会館、広場、祈りの場所、原爆の遺跡が配置されたのである。一〇〇メートル道路を将来のもっとも重要なアプローチと考え、ここから記念陳列館の列柱廊を通って、ほぼ二万人をいれる広場にはいることができる。その先には平和の鐘をつるしたアーチがそびえ、その直下に慰霊堂が地下に埋められてある。その先に原爆の遺跡のドームが望見される。慰霊堂とこの遺跡の間には、規則的に植樹された緑地帯があり、遺跡があらわになることを防ぐためのスクリーンとなっている。第三には造園計画は、この四つの基本的な施設を小細工を避けた自然のおおらかな環境のなかにおいた。その後、広島平和都市建設の中心課題の構想が、この平和会館の計画を核として展開されたのである。これらは都市の心臓であり、コアをなすものであろう。しかし都市の肉体となる住宅建設にたいして、また都市の内臓である公益施設の建設にたいして、それらに関しては、私たちは関与の埒外におかれたとはいえ、都市建設にたずさわる建築家として、無力を告白せずにはいられない。

（一九五四年一月）

五万人の広場

一九五五年八月六日、原爆一〇周年の日に、広島の平和公園を中心として全国から集まった五万人の人びとによって、平和を祈る平和記念式典が行なわれ、戦争を根絶しようとする「原水爆禁止世界大会」がくりひろげられた。この日、ここの慰霊碑と広場、そこに建てられた平和会館、すべてが、終日、この平和のための運動にささげられた。この日、私は、この式典と大会に参加していた。終戦まもなく、この広島の再建のための都市計画に参加し、また一九四九年いらい、この平和公園と平和会館の計画とその建設の指導に参画していらい、今日まで、私は、いろいろの経験をしてきた。その歩みは、この戦後一〇年、日本が歩んだと同じ曲折にみちていた。政治的な転回、経済的な変動、すべての曲折が、この建設の過程に反映されてくるのであった。ある時は建設を前進させ、ある時は停滞させ、またこの軸をまげようとする力があるいは隠密に、あるいは暴力のように、おそいかかってくるのであった。思案し、熟考し、感激し、ある時は憤怒し、そうして闘ってきた緊張は、そのあいだ、一時も私の胸から去ることはなかった。しかしこの日、私の胸はふくらみ、はじけて、解き放たれてゆく思いであった。これらの一連の作品は、もう、私のものではなくなった。それはこれら五万人の人たちに、すべての人たちの手に、しっかりと引きわたされたのである。

建築の場合、創造はこのように、現実のまっただなかで行なわれるのであるが、ひとたび生みおとされた作品は、再び現実のまっただなかに、放りだされ、建築家の手からは引き裂かれてしまう。建築家は自分の手から引き裂かれてそこにあるものと対峙して、社会の、そうして人間の、無言の声を聞くことができる。このような環が、建築家と現実との対決の仕方である。この環のなかで、建築の作品の創造は、いつも建築家の人間の生成に切りはなすことができなく結びついているる。私の広島の体験は、このことの一つの実感であった。だから、広島について語ることは、この一〇年の私そのものについて語ることでもあるだろう。

しかし、ここでは、そのようなつもりも、余裕もない。むしろ、いま、解き放された思いのなかで、二つ三つの挿話について語ることのほうが、適しているように思われる。

そのためにも、一応この計画のあらましをご紹介しておく必要がある。平和公園と呼んでいるところは、広島の爆心地の一角で、三万坪あまりの南北に細長い三角形をなしており、その両側を川が流れている。その底辺は広島を東西に走る幅一〇〇メートルの緑道に接している。この爆心地を記念して、ここを平和公園とし、その建設がはじめられたのである。私の計画はこの公園の中央に慰霊碑をおき、その底辺に近く一〇〇メートルの緑道にそって細長く平和会館を配したのである。平和会館は三つの建物からできている。中央に原爆の資料陳列館があり、東側には、展示室、中・小集会室、図書室事務局などのある建物があり、西側に大集会場の建物がある。そうしてこの陳列館と慰霊碑のあいだが、数万人のための広場になっている。だからこの陳列館の一階は柱だけの空間になっており、一〇〇メートル緑道から広場にはいる門でもあり、またそのさきに慰霊碑を望むようになっている。このような案はその後も長く協力し合っている浅田孝君、大谷幸夫君やその他の協力者とで行なわれた計画であって、幸いに一九四九年の年に競技設計で入選したものである。この建設は、市長はじめ市当局者や建設省の関係の方々の厚い理解によって進められてきたものである。

はじめ、私は、この鼻をつく臭気のただよう、凄惨《せいさん》の気にみちたこの廃墟に立って、考えていたのである。そこから立ち上がってくる力強い人間の意志を、それと同時に、母親のようにやさしく抱く愛情と、このようなことは、素朴な機能主義や合理主義の建築の考えかたからは単純に割り切ることのできないものであった。しかし、私は、それを諦めてしまわなかった。むしろ逆に、それまでの私の素朴な機能主義の建築観は、この広島の体験によって、大きくゆさぶられたのである。

中央の門のような記念陳列館に強さを、両側の二つの建物にやさしさを、表わそうとしていたのである。このような表現のはたらきが、広島のこの建築が、社会にたいして果たすもっとも大事なはたらきなのだということを信じていた。そのころ、私には日本の伝統への共感がよみがえってきつつあった。伊勢や桂の建築が私たちの同胞の心のそこに、強さとやさしさの故郷として、うずいているように思われた。伝統への共感は、社会への共感に裏づけられているように思われた。このようなことがこの広島の建築の設計の過程で、はたらいていたのである。

その建設の途上で、イサム－ノグチさんを知ったことは仕合せであった。私は、日本の伝統について語り合い、また彼の作品のなかに、伝統との対決の仕方を見たことは、その後の私に、なんらかの影響を残しているにちがいない。

最初の陳列館の工事がはじまった翌年一九五一年の春ごろであった。この平和会館の前に一〇〇メートル緑道が、この平和公園の両側を流れる川にまじわるところに、二つの橋が建設省の手で着工されていたが、これは平和公園への入口になる橋でもあり、せめて勾欄だけでも、建築や全体の環境に調子を合わせたいから、設計してくれないか、という申し入れが、私のところに届けられた。そのとき、私は、ノグチさんにお願いしようと内心考えながら、その申し入れを受けたのである。しかし、一般の大勢はなまやさしいものではなかったのである。当時、ノグチさんは、妙な彫刻を作る人だと一般には考えられていた。その彼に、この橋の設計をまかせるなどということは、もっての外であるという意見が圧倒的であった。そのために市議会も混乱し、議員諸公の珍妙な芸術論争がくりひろげられるという一幕まで演じられたのであった。幸い建設省の当事者と市長の理解によって、それが実現されることになったのである。それが完成したとき、賛否で喧噪をきわめた。はじめ九割までが否に傾いていた。いまでは否を主張する人は一割にもみたないであろう。

ニューヨークで彼のデッサンを受けとったとき、コンクリート打放しの勾欄が、すばらしいスケールで彫刻されているのを見て、私は、何か伊勢を感じた。その後その橋の工事のために彼と広島を訪れたとき、私の陳列館を見て、彼は、伊勢の気持だと言った。ノグチさんのこの橋も伊勢の気持だったのだなと、私は苦笑せずにはいられなかった。それは、彼が「創る」とよんでいる橋である。この太陽をかたどった橋は伊勢の力強さをもっている。もう一つの橋を彼は「行く」とよんでいる。日本の古い舟のかたどりがそこにあるように思われる。それは何か、静かに、やさしく、去ってゆく姿のようである。

この橋のことは、ユーモラスな問題は含んでいたが、思ったよりは順調に進んだのであった。しかし、次の慰霊碑の問題は私たちにとって深刻であった。近々慰霊碑の予算が出るからぼつぼつそれについて考えておいてくれと通知を受けて、私は、いろいろと考えあぐねたあげく、何かはにわのようなものを手探っていたのであるが、この彫刻のようなものは、むしろ、またノグチさんにお願いしよう、という気になったのである。二人で広島を訪れ市長を動かし、そのことの一応の同意を得たのは、ちょうど彼が結婚しようとする間際のことであった。彼は東京に帰るなり、私の作業場にきて、何かに憑《つ》かれた人のように、粘土と闘いはじめた。そうしてそれは彼の結婚式のほとんど前日までつづいた。この創られた作品は、小さいものであるが、おおらかな気宇にあふれているものであった。古代の玉のようなおおらかさをもっていた。私はすばらしいものと感じとることができた。

当時、これら一連の平和施設は「平和記念特別都市法」にもとづいて、国庫の補助を得て、工事を継続していたのである。そのために、平和記念都市建設専門委員会というものが建設省に設けられ、これら施設の計画と建設はその審議をつねに必要としていた。このノグチさんの慰霊碑は、その専門委員会で強く否決されてしまったのである。私にも、また市長にとっても、全く予期しない事態であった。私も、市長もこの大勢を回復するために奔走した。あるときは、ノグチさんと三人で、建設大臣を動かしたこともあった。しかし問題の解決の緒も見いだせなかった。ジャーナリズムはこれを面白おかしく騒ぎたてるだけであった。ある有能なジャーナリストは、これはノグチさん、あなたの負けですよと判定した。私も、自覚しはじめていたのである。ノグチさんにはそのとき、私の口からは、言い出せなかったが、この原爆の慰霊碑だけは日本人の手で、という強い意志が、言わず語らずのうちに、広い層にきざみこまれていたのだということを。委員会や市議会の反対は、この底流にあるものの反映に過ぎなかったのである。委員会の委員の一人として、私の恩師も加わっておられた。ふだんは、私のわがままに対して寛容に許してくださる先生も、この時だけは、断乎として応じてくださらなかった。「君とノグチの友情とこのわれわれみなの気持、君はどちらかを選び、どちらかを捨てなければならない。」私には眠られぬ夜が続いた。

いま立っているこの慰霊碑は、私の当初のはにわの構想にかえって、それを形にしたものである。

ここに眠る原爆犠牲者の霊を、雨霜から守り、安らかに眠られんことを願う気持である。今はもう、私の手からも離れて、ここに立っている。すでに、数百万の人びとが、この前で、泣き、怒り、訴え、祈った。

この前、ノグチさんが日本にやってきたとき、いちばんはじめに、私を夫妻で訪《たず》ねてくれた。もうあのことを忘れましょう、と彼から言い出した。彼の芸術家としての熱情と、その落胆、その悲しみを知っているだけに、私は胸のつまる思いであった。

もう一つ問題があった。それは三つの建物のうち一番西側に予定されていた大集会場についてであった。これははじめから国庫の補助の得られないものであって、市当局はそのための財源に苦慮していたのであるが、幸い一九五三年にいたって地元資本家たちがそれぞれを寄付しようというありがたい申しいでがあったのである。しかし、彼らはその建物にホテルの設備を加えることを主張したのである。その設計を進める任にあった私は、困惑したのである。この聖地に、またこの国が指定する公園にホテルが建てられるということは、いかにも筋が通らぬことであった。私は、それに対して強い抵抗を感じた。私たちの設計が停滞せざるをえなかったのである。この設計の停滞が、資本家たちにとっていい口実を与えた。彼らはおかかえの建築家に設計を命じ、彼らの望むものを建設した。聖地に向かってホテルが顔を向け、集会場は、裏口に回されてしまった。そと見は、私の原案そのままに見える。しかしその中身は、ホテルを加えたために、集会場の大きなうすぎたない灰色の壁が、空高くはみ出してしまい、全体の統一をぶちこわしている。この八月六日の日、広島の五万人の式典のあと、人びとは大集会場で行なわれる大会に出席するため、この建物になだれ込んだ、それは、しかし、ホテルのロビーであった。ホテルのボーイの、大集会場は裏ですよ、裏ですよ、というどなり声が聞えていた。このホテルは、五万人の人たちとは断絶されて空虚に建っているのであった。

（一九五六年一月）

広島計画その後

その後広島に寄る機会が少なくなった。とくに浜井信三氏が市長を退いていた四年間は全く交渉がなかった。その新しい市長は、ここの広場の前を通っている平和大通りの街路上にアパートを建設するといったことを公言して市長に当選したのだから、交渉がなかったことは当然のことである。

最近、この平和会館と公園を訪ねてみて、私として気になる点が二、三ある。

ここの公園は、緑もしだいに成長してきたし、記念的意味をもつ彫刻や、装飾的ないろいろなものもつけ加えられて、だんだん親しみやすいものになってきたように思う。しかし、いくつかのものはたいへんに気になる。その一つは、陳列館正面の池の形である。これはどうにも調和の悪いものである。

中央の陳列館は、予算がなくても、全く仕上げのない状態のまま使ってきたが、ここの使用目的には、その荒っぽい雰囲気は、それなりに悪くはないと考えていた。しかし希望としては、ピロティの床を石張りで仕上げたいし、また、ここの階段踊場の下にある売店は、とってほしいものだと思っている。また避難階段も、階段として使えるようにしてほしいものである。

もう一つ、陳列館の広場に面した側のテラスと、両妻側のテラスは、ガラスのはまっていない戸外空間であって、ここの広場や全体の公園的環境に呼応するために必要な空間であった。それがいまは、全部ガラスのサッシュがはめこまれて、完全に外部から遮断されてしまっている。まことに残念である。

本館とよんでいる東翼の建物は、使用目的を画然とは限定していない空間であるが、設計の意図と、使用者との息が合っているあいだは、うまくゆくのだろうが、別れ別れになっている状態では、こうした空間は生かされていない場合が多いようである。反省させられる点が多い。サン－コントロールのために障子やふすまのような消耗品のつもりで使ったブラインドやパネルが、十年一日のごとく破れたままになっているのはいかにも情ないことである。また戸外に使ったプライウッドの階段手すりが、見るも無残な状態になっているのも、気恥ずかしいことである。

一般に、コンクリート打放しの耐用命数のことも問題とすべきであろう。水切りの悪さからくる雨だれによるよごれ、それと風化とが重なって、放っておくと、しだいに無残な姿になってゆくものである。私の経験では五年に一回くらいはコンクリート表面——とくに雨にあたる部分——の補修が必要である。表面の風化され、よごれた部分をワイヤー－ブラッシュのようなものでとり除いて、そのあとをセメント、ペイストで補修し、そこにシリコーンとかプラスチック系の塗料を吹き付けて透水しない皮膜をつくれば、またしばらくのあいだは美しいコンクリートの膚を維持することができる。日々の掃除や整頓とか、こうしたちょっとしたことの修理や補修などは、建物に愛情があれば、いとやさしいことなのだろうが、それがなくなると、荒れ放題になってゆくようである。一般に、私のものは大切にされるが、公のものは粗末にあつかわれる。これは何も日本だけのことではないかもしれないが、内外の多くの私の友人たちが、広島の建物がどうしてこうも荒れているのかと注意してくれるごとに、私は自責の念に耐えない。

（一九六三年九月）

都市のコアについて――第八回CIAM―一九五一に提出した報告

まず私は、この問題の意味を明らかにするために、短く歴史的に見てみたいと思う。西欧では、ギリシアにおけるアゴラ、ローマにおけるフォラム、そうして中世都市における広場というようなフィジカルなコアをもっていた。しかし、ローマにおけるフォラムはあまりにも政治的、また時に宗教的な権力や権威を裏づけるためのものとして建設されたものであった。もちろんそれらは市民によって利用されただろうが市民の自由意志によって創られたものではなかった。それに比べれば、ギリシアにおけるアゴラは、いまここで問題としている都市のコアというものの観念により近いものであったといいうるだろう。そうして中世の自由都市において、市民の自発性によって建設されたピアッツァこそ、コアとよばれるに、もっともふさわしいといえるだろう。

東洋は、しかし西洋とは異なった歴史的過程をふんできた。日本についていっても、コアとよぶにふさわしいものは存在しなかったとはいうものの、コアの萌芽らしいものはなかった訳でもない。それらも、もちろん歴史的段階に応じて、西欧社会とは異なった発展形態を示してきた。

古代日本の専制的な社会体制では、その首都に皇居があったが、その時代においてはそれらが都市のコアとよびうるものであったかもしれない。しかしこれは古代ギリシア人が、アゴラをもたない非民主的国家として非難した古代東洋社会の諸都市と同一の範疇《はんちゅう》に属するものであるだろう。封建領主の城郭は、権力のコアであった。そうして、その時代における城下町では、その城郭の権力に対抗するほどの市民の組織の力は、西欧市民社会のように高まりえなかった。

江戸時代にはいって、町人層は、西欧市民社会にいうギルドとかツンフトのような組織として、「座」などを形成し、自治の力と連帯の意識をある程度は高めていったのであるが、この歴史的過程で、フィジカルなコアの萌芽ともいいうるようなものが現われてくる。氏神の祭りなどがその現われだともいえるだろうが、しかし、これらは臨時的なものであって、恒常的な都市のコアを形づくるようなものではなかった。そうみてくると、日本の歴史に現われたフィジカルなコアとして考えられるものは、浮世風呂とか浮世床とかいったものでしかありえなかったのではなかろうか。

しかし現在、資本主義のなかでは、西欧を例にとってみても、都市のコアはしだいに失われつつある。いわゆるビジネス - センターは資本主義社会におけるコアではあるだろうが、市民生活のコアと呼びうるであろうか。また公園というものが都市のなかに作られるようにはなったが、ただ、この自然の一部にすぎない空間は、コアとしてもつべき集まり場所としての性格をもってはおらず、市民生活の心臓とはいいがたいものであった。こう考えてくると、私は再び、現代都市におけるコアとは何か、という最初にあげた問題に帰らざるをえない。

私たちは、日本の歴史のなかで、ゲマインシャフト、あるいは閉ざされた社会の観念が支配的であったことを認めない訳にはゆかないし、その観念は、この戦後の日本においてさえなおまだ市民生活に影響を与えている。こういうとき、一般に、コミュニティとか、コアというものについて考えようとする場合、しらずしらずのうちにも、閉ざされた社会に復帰しようとする危険性をもっているのである。——こう言いながら、私は、それぞれが中心をもって閉じている圏域の段階的構成で都市構造を考えようとするようなものを否定したいと考えているのである。

私たちは、人間社会の心臓というものを、この開いた、かつ流動的な社会のなかで求めてゆかねばならない、と考えている。それが、どういう形態をもつべきであるかについて、まだ解答を与えることはできないとしても、しかし、ただこれだけのことはいいうるであろう。それは、再び閉ざされた社会意識に帰ることなく、私たちが現在、そこで生活している、開いた社会において、失われた芯をとりもどす方法を探求し、それを建設してゆくということである。

中央集権的な色彩の強い日本では、東京や大阪などの大都市に、資本主義機構の中枢が集結して、ビジネス－センターが形成されている。もちろん地方都市でも、こうした都市中心は遅かれ早かれ、形成されるであろうが、しかし、これが市民生活のコアであるといいえないことは、すでにいったところである。

アミューズメント－センター、あるいはショッピング－センターは、ここでいっているコアというものに、多少近いかもしれない。しかし、資本主義の落し子であるこれらは、市民の肉体と精神をつちかう場所としてのコアというものを考えるならば、それはあまりにも消極的、享楽的であり、また商業主義的であって、健全な好ましいものとはいいがたいだろう。

かりに都市のコアとしてもつべきフィジカルな性格を私たちの心に描こうとすれば、まずなにがしかの広場があるということ、そこに厚生のための施設、さらに文化的中心がある、ということが念頭に浮かぶのであるが、しかし以上にあげたものの都市的総合として、コアというものを考えてゆくのがよいのではないだろうか。

残念ながら日本では、過去においても、そうして現在も、コアといいうるようなものの実例をもってはいない。私たち建築・都市計画に携わるものは、都市と建築との有機的総合のために努力したいと考えているが、しかし現在そうしたことの実現をはばんでいる要因として、第一に、日本の資本主義の成長が、大衆の生活の犠牲のうえに立ってなしとげられたということ、第二には、官僚機構のセクショナリズムが、こうした総合的なものの計画と建設をはばんでいるということなどがあげられるだろう。

広島のこの平和公園と平和会館の計画は、ここでいっている都市のコアとしての理想像とはいえないにしても、一つの都市コアとしての意味をもっている。こういうものの実現には都市計画関係の行政諸機関が、総合的に組織されうるときにはじめてなしうることなのであるが、この広島の場合は、そうしたことを推進しようとする、きわめてまれな例といいうるだろう。

しかし、ここにもこの計画をめぐって二つの対立的な意見がある。その一つは、戦争によって住居を失った多くの人びとにまず住居を用意することが急務であって、こうした平和施設などは、そのあとに建設されるべきである、という意見である。もう一つは、住居の建設とコアの建設は平行して進められるべきであるという立場である。

私は、一般的に日本の現状況を考えるならば、第一の立場を支持する。しかし私は、広島が世界にたいしてもっている特殊な意義を考えるとき、この平和のための施設の建設は、住居の再建におとらぬ重要性をもっている、と認めたいと思っている。

私たちは世界のすべての国ぐにが、それぞれの社会発展と経済水準に応じて、もっとも適切なコアの形態を探求してゆくべきであると考えている。私たちは、都市コアの成長にたいして一般的な関心をもっているが、同時に、異なった状況にある国ぐにがその特殊性をいかにして発展させるか、ということに、さらに大きな期待をよせている。

（一九五四年一月）

2　東京都庁舎の経験

ふりかえってみると、都庁舎本館①-④⑤の競技設計に参加した一九五二年から、ここで完成をみるまでに、ちょうど六年の月日がたっている。当時、日本が戦後の被占領状態から解放されて、民族の独立の自覚が、しだいにもりあがってゆく時期であった。建築界も戦中戦後の技術的、思想的空白からようやく回復し、建築活動も活発になり、その思想にも機能主義を止揚しようとするきざしが見えはじめた時期でもあった。それから六年のあいだに、日本の社会的現実も幾転回かした。また建築の動きのなかでも、あわただしく問題が提起されてきたし、建築の技術――建設の技術ばかりでなく設計の方法――も急速にのびてきた。

私たちもそのあいだに、いろいろな経験をしてきた。とくに都庁舎の設計と建設についての体験が、私たちの経験のなかの一つの大きな軸になっていたことも事実である。

都民のだれもが関心をもつ新庁舎であるだけに、かなり広い層からの反応が、批判として、あるときには激励として、ひっきりなしに、私たちに伝わってきた。一般新聞紙上や、広い大衆的ジャーナリズムでひっきりなしに話題になったばかりでなく、都の当事者の方々からの批判や、また一般の都民の方々からの直接の手紙など、応援に暇がないくらいであった。また、建築家のあいだでも何かと問題として取り上げられ、そこから私たちにとっては貴重な批判を聞くことができた。建築家にとって、この社会に投げかけた建築像が、よかれあしかれ現実からの反応に出会うということは、まことに仕合せなことであった。私たちは、このような反応にたいして深く反省させられることが多かった。と同時に、この反応のなかに現われたごく一部の反動性――非科学性、反社会性――にたいしては、より強く闘うことの必要をひしひしと感じもした。

このような反応をたしかめる場合、私たちがそれを自分たちのうちに十分に消化し、さらに、広い層にも役立つような成果として、それを一般化してゆけるとよいと思うのだが、それには、ある意図をもって提示されたことに対して現われた反応をたしかめてゆくことがよいのだと思う。問題が投げかけられてはじめてその問題の検証ができるだろう。私たちはまだ十分にこのような反応を消化してはいない。だから感想的になってしまうだろうが、今私が受けとっていることをお話してみたい。

都庁舎というようなものにぶつかって、はじめに問題にし、今なおそれを問題としてゆかねばならないと思っていることの一つは、いわゆるシティ－ホールとよばれるもののあり方である。

封建的な荘園――非都市的な自給自足経済の地域単位であって、封建的な勢力の地盤であった――の状態のなかから、新しく興ってきた商工業者が、そのような封建的な勢力関係から、自分たちの独立をまもるために、自らの手で治める自治都市を建設してゆく過程が、現代都市の発生なのである。

そのようにして生まれた都市——それは市民の自由と独立と団結の意識によって統一されていた——、それがいわゆる市民社会の成立でもある。だから、市庁舎は上から与えられたものではなく市民社会が、自らの自由と独立を獲得するために、自らが自らを治める機関として生まれたものであった。だから市庁舎は市民意識の統一を生みだす象徴でもあったし、またそれは市民がそこに集まり、まじわる場所でもあり、また市庁舎の建築はそのような市民のまじわりをより深めることに貢献してきたのである。

どこの市庁舎のまえにも広場がある。独立を獲得し、自由な精神がみなぎった都市をみれば、市庁舎とその前の広場は、都市のコアとして生きている。それは市民生活に統一を与える文字どおりコアであったのである。ストックホルムの市庁舎をみるがよい。これは建築の美しさにすぐれているばかりではない。この建築のすばらしさは、この市庁舎の伝統を十分に生かしきっているところにあるといえるだろう。海に面して広場がある。広場からコロネードをくぐると中庭がある。中庭から玄関をはいると、非常に大きな広間がある。私たちはどこで市庁舎の執務が行なわれ、どこで会議がもたれているのか見分けがたいほどである。無駄なことだといえばいえよう。しかし、この広間、何もないかに見える広間——というよりは広場—中庭—広間の一連の空間——、これが、シティーホールなのである。市民に解放されたホールなのである。

ヨーロッパの市庁舎にはこのようなシティーホールがある。ここは夕方からさらに夜まで市民に解放されている。ここでは市の音楽団が、音楽を市民に聞かせることもあるだろう。ある場合には、市民の結婚式もこのホールで行なわれることがあると聞いている。このような市民の交歓はその前の広場と組み合わさって、さらにくり広げられていたといえる。このようなシティーホールの伝統は、二〇世紀にはいってからはしだいにすたれてゆく。とくにアメリカの市庁舎は、いかにも事務的なものとなってきた。もちろん、このような市庁舎の機能はしだいに分化して、シティーホールは公会堂や公民館のようなものが受けもつようになってきて、いまではそれをシティーホールと呼ぶことさえあるのだが、しかしその機能があまりに分化してしまい、市庁舎は事務だけを、公会堂は集合だけをというようになり、場所的にもばらばらになってしまっている最近の傾向は、決して好ましいことではない。もう一度、このシティーホールの伝統をとりかえす必要がある。それは近代都市、あまりにも機能が分化しその有機的統一を失いつつある近代都市、それに対する批判として、都市のコアの再建が、世界的に再び認識されはじめている現在、このシティーホールの伝統の現代的な再生は、どうしても、まじめに考えねばならないことである。

日本には残念ながらこの伝統がない。自治都市を明治政府に作ってもらったので、市民たちが自分の力で自由な独立の都市をつくりあげたのだという意識がない。市民にその意識が希薄であるばかりでなく、為政者の方にその気持が全くない。このような官製の都市には、そのような意識もなければ、またそれに応えるような市庁舎の建築もなかった。としても、そのままでよいとは思われない。

都庁舎本館の設計のときには、漠然とではあったが、そのような希望を私たちはもっていた。この希望と意識は、都庁舎の総合計画のなかで、かなりはっきり提示されている。

私たちは何度か市庁舎を設計する機会があった。清水の市庁舎の設計は、新庁舎の競技設計の翌年であったが、ここではパブリック－スペースの考えかたをもっと強く提案した。これができ上がったとき、このホールは広過ぎるとか、その一隅のカウンターのところで執務している人たちから落ち着かぬなどという批判をもらった。しかし、二、三年後には、執務も馴れ、またこの市民ホールと呼ばれているパブリック－スペースも、一般市民からしだいに親しまれているという反響をもらっている。

倉吉の市庁舎の場合も、パブリック－スペースを全体の予算のなかから作りだすことに、かなり積極的に努力した。これに対しても、いろいろな批判をいただいた。こういう意見もあった。ある建築家からであったが、俺たちは一分一厘の無駄の許されない設計に日夜心血を注いでいる。お前たちのやっている設計はまるで無駄ばかりをしている遊びに等しい、と。これが市中のオフィスビルであればあるいはそういうこともいえるだろう。市庁舎の場合、とくに、私的企業者的立場からみれば、無駄かもしれない空間が、市民にとって、また市庁舎にとって、本質的な空間であることを、ここでは再び申し上げておきたい。

これは市庁舎ではないが、ほぼそれに等しい問題をもっている香川県庁舎 ①-⑥⑦ の設計のときにも、このパブリック-スペースを十分にとる必要を話し合い、また為政者の方々も、むしろ積極的にその必要を感じておられ、ほんとうの県民の県庁舎でありたいという理想をもって出発した。だから、ここではさほどに具体的な障害にはぶつかることなく、パブリック-スペースを作り出すことができた訳であるが、むしろ問題はこれからそのスペースがどのように利用されて、県民や市民のものとなるだろうか、ということにあるだろう。今治市庁舎①-⑪の場合、市庁舎と公会堂が同じ敷地に、また同時に建設されているが、広場を介したこの二つの組合せをこそ、もっとも現代的な意味で、シティ-ホールと呼ぶことができると私たちは考えている。当然この場合、庁舎の部分に含まれるパブリック-スペースは最小限にすることができる。

都庁の本館も、そんなに広くはないが玄関にホールがある。ちょうどここに事務移転が行なわれていたころ、このホールは無駄であるからそこも事務室として使うべきであるなどという意見が出され、あやらく、そこも事務室となるところであったが、幸いにくいとめられた。しかし当初は一部の有識者のあいだでも、こんな無駄なスペースは税金の無駄づかいだというような意見を堂々とジャーナリズムで発表していた。それから一ヵ年余りした今日、ここは都民ホールと呼ばれて一般の都民からも親しまれ、いまでは手狭なぐらい都民が行きかっている。

この都庁舎本館の設計の場合のもう一つの問題提起は、都心に建つ建築のあり方の問題であった。

建築の機能を考える場合、そこには外部機能と内部機能がともに個々の建築に要求される機能であって、その外部機能——公的社会的に要求される機能、都市計画的機能——と、内部機能——私的、企業者的に要求される機能——とはお互いに矛盾し合うことの多いものである。しかしこれを止揚しないかぎり現代の建築は発展しえないところまできている。この外部機能をここでどう建築的にとらえるかという問題が、都庁舎のはじめの設計のときからの最大の関心事の一つであったといってよい。現代の大都市の都心で、私たちは自動車の横暴から人間の歩行する権利を守らなければならない。それは自動車を否定することではない。自動車は減ることは絶対にありえない。自動車の利用もまた強い人間的要求であるからである。むしろ自動車の増加を肯定した上で、さらにその自動車の暴威から人間の歩行の自由を守るための、建築的方法を講ずることが必要である。

都庁舎本館のピロティの部分に中二階が架けられているのは、歩行者と自動車の分離のためであった。もちろんこの本館だけでは、この中二階の意味はあまりはっきりとはでてこない。だからそれだけを見る人にとっては、単なる装飾であり遊びであると考えた人がいたとしても不思議ではない。当時、自動車の雑踏も現在ほどではなかったのだから、無理ではない。この中二階の意味は総合計画でよりはっきりとするだろう。現在の自動車の雑踏の実感は、総合計画の中二階がいかに人間的空間であるかを知るたすけになるだろう。今後自動車が減少することは、まず、ありえないのだから、歩行者を、自動車の暴威から救うこのような建築的解決は都心を市民のコアとして、ヒューマナイズしてゆくために、現在、絶対に必要になってきているのである。

こういう場合、よくこういう批判をうける。「設計者の理想が、非常にスローモーションで歩む大衆から浮きあがっていて、現実的ではない……ピロティの下は浮浪者の寝床になりはせぬか」などと。

私たちの経験は、そのような批判は当たっていないということを教えてくれる。戦後一〇年余りで、当時予想もしていなかったような自動車の洪水がすでに現在、都心地区では起こっている。都心では動脈硬化がすでに起こっている。むしろつねに為政者や建築家の方が現実よりもスローモーションであったことを示している。市民たちは現在の雑踏している都心の焦躁感から解放されることを希望している。この希望に応えることこそ現実的なことだといってよい。

このような外部機能をピロティのところで受けとめることは、上部の執務空間の専用性と独立性、いわばその内部機能をより有効なものにするはたらきをもしているといえよう。

私たちは、都庁舎本館でコアーシステムと呼んでもいい方法をとった。これは構造、設備、水平垂直の導線を建物の中央部に一つの幹として集約化して、その外周にフレキシブルな空間をつくりだす方法である。もちろんこれが唯一、最上の解決策であるとは思っていない。ただそれよりもよりよい方法を発見してはいなかっただけのことである。

これに対して、やはりいくつかの貴重な批判をいただいた。コア部分における階段室の配置のまずさ、エレベーターの容量の不足、湯沸し場、便所の不足——これらは当初に計画されていなかったパブリックと接触の多い部局がはいってきて、外来者が予定以上に多いということからもきているが、やはり絶対的な不足も多少あったように思われる――などは、大いに今後の設計で反省しなければならない点であった。

私たちが意図したフレキシビリティとは、事務組織や機構がしじゅう変わることが予想される場合に、自由に間仕切りが移動できるということが主眼であった。この移動間仕切りのシステムを全館にあてはめたために、室と室との音の遮断が技術的に非常に困難であって、とくに音の遮断を必要とする私たちにとっては大きな欠陥となった。このことは私たちにとって反省しなければならない点があったと思う。フレキシビリティとは空間を時間的に変えうるということで必要があればどこでも間仕切れるということなのであって、ひろびろとして開放的な空間ということではない。「せっかくのひろびろとした開放的な空間が、実際に間仕切られてしまったではないか、設計者の意図は現実的ではなかった」という批判は、設計者の気持を察したありがたい批判ではあったが、じつは当たっていない。大部屋が必要になれば大部屋にもなるし、小部屋が必要な段階では小部屋にも間仕切れる。要するにいかなる現実にも対応できるというのがフレキシビリティなのである。

家具のことも批判の対象であった。「設計者はせっかく、明るいひろびろとした空間を作ったつもりでいるのに、実際は、古い寸法のばらばらな家具がもちこまれて、書類の山で見通しもきかないような室内になってしまったではないか。設計が現実ばなれしているのではないか」と。

いかにも使い古したありあわせの家具に調子を合わせて建築をつくれ、とでもいっているように聞こえるが、これが建築家の側から出た批判であるだけに余計困りものである。都で実際に働いている人たちは、それとは逆にできることなら新しく、清潔な、整頓しやすい家具を作ってもらいたいと念願しているのだが。

建築を作る場合、工事費の五パーセントを見ておけば家具を新しく作ることができる。それは事務能率の上からみても、そうあって欲しいものである。ところが実際はそうはゆかぬ場合が多い。気の弱い建築家は、せっかく快適な空間を作っても古い家具を持ちこまれて台無しになってしまう、となげき悲しむ。たしかに目ざわりにはちがいない。しかしそれで建築が台無しになるなどということはない。建築は少なくとも何十年、あるいは百年の単位で持続する。家具は何年か、せいぜい十何年の寿命しかもっていない。しかし問題はそういう物理的な寿命にあるのではなくて、それには建築がそのような時間に耐えるだけの力を表現としてそなえていなくて、ひ弱なはかない表現しかもっていないならば、家具で台無しになることもありうる訳である。そういう意味では、都庁の執務空間がそれだけの耐える力を表現としてそなえているかどうかには、私たちとしても十分反省すべき点があるだろう。

執務空間の環境をより快適にするための一つとして、私たちは、ここではガラスとそれの保護としてのルーヴァを考えている。しだいに奥行きの深くなる傾向をもつ最近の建築においては、執務空間に十分な明るさを与えるためには、ガラスは今後ともますます多く使われるだろう。また逆に自然光を必要としない建物では、窓のない壁の建物も生まれるだろうが、ガラスと壁は、その果たす機能が違っているのだから、一概にガラスか壁かなどという二者択一的な問題の設定の仕方は、たいへんにこっけいでもあり危険でもある。そんなところからガラスが流行したりすることにもなる。必要があればガラスはますます多く使われるのである。しかしガラスには多くの欠陥がある。それを保護するためにここでは水平と垂直のルーヴァをそなえている。これはサン－コントロールに役立っている。またこれは火事の延焼防止やパニックのときに、ガラスの破片の飛散をも防いでくれるだろう。

建築の環境衛生の専門家といわれている人が日本では一番発行部数が多いといわれているある大衆雑誌で、こんなことをいっていた。「つまり冷やすにしても、暖めるにしても、非常にロスが多いのです。ガラスは熱をどんどん通すのですから、あたりまえなのです。あのゆき方をまねたのでは、日本のような貧乏国ではやりきれないですね。……都庁がどんな形式の暖房や冷房をやるか知りませんが、とにかくたいへんな維持費がかかるのです。……東京の空をあっためるようなものです……。」

素人でも、ひさしと縁のある開放的な日本の住宅は少なくとも日中は、冬暖かくて、夏涼しいぐらいのことは知っている。ところが工博、大学教授などの肩書きでこれが否定されると一般の人は、この説の方が正しいのかと考えてしまったようである。この尻馬にのって、多くの大衆ジャーナリズムは、この建築がいかに夏暑く、冬は寒いかを叫びはじめた。都庁舎の場合は、この判断とは逆に、暖冷房の維持費は普通の壁に窓のあいた建築より経済的にできている。あとの報告を読んでいただきたい。このような専門家の非科学性は十分に非難さるべきだろう。

このような配慮が、都庁舎の形と空間――ピロティと鉄のルーヴァで保護された上部空間――となっているのであるがその形態均衡やその比例などの決定には、やはり、その当時の私の形態感覚が大きくはたらいていたといいえよう。

別に直接的な関係はないのだが、競技設計をしているあいだ私の脳裏には、京都御所がちらついていた。檜皮葺の大きな屋根、垂木の組物、それをささえている柱列、それと縁とも基壇ともいえる足もと、ここに現われた形態均衡がちらついていたことはたしかである。

構造計画を具体化しているころ、コアの分担する横力――地震力――と、外周柱の分担とのバランスの決定にあたって、武藤清教授や小野薫教授がたとディスカスしながら、そのバランスを今のような形に決定されたのは、当時の私の形態感覚にあったように思う。今ならあるいは外周柱への分担をもっと大きくとって、柱を太くしていただろう。今ではとくに隅柱の細い弱々しさが私の気になる。また上部のルーヴァ格子壁の、東西面と南北面の接し合う隅のところなどが、気になっている。

私たちは当時、建築を構成する要素を軽くすること、工業生産の方向にもってゆくことを考えていた。ここではひさしやルーヴァに鉄を選んだ。私自身、この建物の保護膜を考えながら、何か黒《くろ》絲縅《いとおどし》の鎧《よろい》のようなものを心に描いていたといいえよう。

また室内の天井に鉄製の竿縁天井のような、生産の工業化と取付けの簡略化を計ったのも、同じ考えからであったし、移動間仕切り壁にハードボードのような工場製品を選んで、ベニヤのような半工業生産的なものを排除したのも、同じ趣旨にもとづいていた。

このような鉄の使用や、工業製品の選択は、この建築を大きく性格づけてしまった。その後、私たち自身、施工の段階で多くの技術的な問題にぶつかったばかりでなく、また表現上の問題についても反省させられる点が多かった。これと対比的に、生の木材を使ったり、荒々しい石の床を考えたのは、この工事の途中で考えたことであった。

都庁のあとで設計をし、この工事がはじまるころにはほぼ完成していた清水の市庁舎では、ガラス壁が保護膜をとり去ってむき出しになっているのは、私たちとしては、予算の関係でもあったのだが、たいへん残念に思っている。ここの空間は人間的ではない。できれば保護膜を取り付けてほしいと希望している。そのあとの倉吉の市庁舎や香川の県庁舎①-⑥⑦では、それはコンクリートの深いひさしにかわっている。また今治の市庁舎では、コンクリートの格子構造などが生まれている。またそれらの内部空間には構造柱や梁がそのまま出ていて、日本の現段階の工業製品がもっている、ひ弱なもろい表現を捨てている。現在の私自身の気持としては、より耐える表現をもったコンクリートや、また自然の材料、またより現実性をもったコンクリートにひかれようとする傾向にある。しかし鉄とコンクリートについても、また工業的なものと手工業的なものに関しても、それを二者択一としては考えていない。そのいずれをとるべきかの十分な技術的根拠をつきとめてはいない。より正しい技術上の、また表現上の解決が生まれるべきだと考えている。

こういう点に関しては「鉄は日本において、さらに生活全般に浸透してゆくことが必要であり、鉄への親近感の芽ばえは尊重されるべきである。しかし、私たちの建築における鉄の評価が、欧米諸国が現在までに形成してきたそれを盲目的に踏襲せねばならぬいわれはない。わが国の鉄の生産、消費の量が欧米主要国の一九〇〇年に到達したからといって、鉄による建築の造型が、その歴史をくりかえすとは考えられない。私たちの『鉄の文明』はまた独自の形式をとりうるであろう」という村松貞次郎氏の説には、傾聴すべきものが多いし、私たちも、そのような方向に実践をおしすすめたいと思っている。

ともあれこの建築は、丸の内一帯に建ち並んでいる、一九世紀的折衷主義建築のなごりにすぎない建築を見なれた市民の前に、突如として現われたのである。それにたいする心理的抵抗が、おそらく、この建築が一般の話題になった主要な動機であったと思われる。

そのような姿を市民の前に現わして、すでに四年を経た。使用しはじめてからも、もう二年近くになる。そのあいだに、市民のこの建築にたいする受けとりかたも随分と変わってきたようである。この建築が、もうそんなに不思議には思われなくなってきたようである。むしろ逆に今まであたりまえだと思っていた普通の――折衷主義の建築が、あたりまえではないということに気づきはじめたのではないだろうか。

私たちはこの都庁舎の建築が、日本の現代建築の正しいあり方を示している、などとは思っていない。日本の現代建築はもっともっと発展しつづけるだろう。しかし一般の市民に、今まではこれがあたりまえだと思われていた建築が、決してあたりまえではなかった、ということ、日本の現代建築はその折衷主義の建築の古い殻をぬぎすてて、全く新しい出発をしているのだということを、知ってもらうのに、幾分かは役立っただろうと思っている。

（一九五八年六月）

3　香川県庁舎の経験を通じて――伝統の克服

伝統はそれ自身、文化創造のエネルギーとなることはできない。伝統はつねに形式化し、固定化してゆこうとする傾斜を内に秘めている。伝統を創造に導くためには、伝統を否定し、その形式化を阻止する新しいエネルギーがそこに参加しなければならない。伝統の破壊がなければならない――このことは、古典が保存されることの必要を否定するものではない。しかし、また伝統の破壊だけが、文化形成をなしとげるものではない。その破壊のエネルギーを制御してゆくものとしてまた伝統が働くのである。この伝統と破壊の弁証法的な統一が創造の構造だといえるだろう。これを伝統の正しい継承といってもよい。

日本の二千年の歴史をみていると、ヨーロッパの歴史に比べて伝統はいかにも安定しているかに見える。そうして大きな起伏もみられない。何度かの外国文化の影響も、むしろ伝統の内部にたくみに取り入れられ、伝統をその根底からゆさぶるような力とはなりえなかった。日本の民族の基底には伝統を破壊するエネルギーが存在しなかったのだろうか、という疑問さえわいてくる。

「縄文的」とよばれる文化形態をもって、日本の前歴史時代がはじまっている。自然との奔放な戦いのなかから生まれてくる強靱な抵抗感と質量感をそなえ、また自由で敏捷な感受性を示して、民族の根源的な生命的なエネルギーのあふれを物語っている。民族が水田農耕の定住状態にはいり、階級的分化が進行するにつれて、「弥生的」とよばれる文化が、上層社会のあいだで形成されはじめる。伊勢神宮の形と空間にはこの縄文的なものと弥生的なもののぶつかりのなかで、まれにみる統一を示しているように、私には感じられるのであるが、しかしその後、歴史の表面からは、縄文的なものは消え去り、弥生的なものが、しだいに濃厚になってゆく。ここでは、人間と自然は無媒介に合一してしまい、自然の恩恵を知ったものの静かな情緒、外界にたいする受身の妥協からくる無抵抗感が支配している。力動感を失った平板な均衡と静かな比例といったものが、移ろいやすいムードにおおわれて、現われている。塀をめぐらされた一郭に、自然を縮写した池泉の庭をつくり、その庭に向かって全く開放的にできている主殿や釣殿が立っているといった平安時代貴族の寝殿造りの邸宅と、そこで行なわれた詩歌管弦の宴は、弥生的文化を典型的に示している。花をめで、月を歌うといっても、箱庭のなかで類型化された自然に自己の情緒を写しているに過ぎない。

この人間と自然との無媒介な合一、「もののあわれ」の心情からは、外界を客観的にみる科学的な考えも、個性の自覚から生まれる社会的関心も形成されない。この上層文化の伝統が、しだいにいわゆる「日本的」とよばれる文化形態に形式化してゆく。

この伝統を否定し、破壊するエネルギーは存在しなかったのだろうか。私は、存在しつづけていたと考えている。しかしそれは文化を形成するには至らず、ただ日々の労働と生活のなかに、とじこめられていたのである。大きな量感にあふれた草屋根が大地までたれて、立ちはだかっている田舎家を、今でもよく見かける。自然と直接対決をせまられている農民層の住まいである。これは縄文期の竪穴住居をひきついでいるものであるが、そこには、何か民衆の生命的なエネルギーを感じさせるものがある。縄文的とよんでもよいだろうか。この民衆の生命的なエネルギーは、鎌倉から江戸の初期にかけて文化の地表に現われようと、下剋上を続けるのであるがしかしその現われかたは、いつの場合も、いじけて、裏がえしにされて出てきている。このことを見る場合、室町から江戸初期にかけての日本の文化が興味ある問題を含んでいる。かりに桂離宮に問題をしぼってもよい。

桂に現われている日本建築の美的形式は、伊勢神宮以来のものであり空間の分割、比例などは構造力学的合理性からでなく、美的均衡の秩序から割り出されている。伊勢にみられる棟持柱も千木の堅魚木もこれは決して力学的なものの表現ではなく、むしろ美的均衡の感覚からきている。その後、その均衡の体系は、木割りと呼ばれるものに形式化されて行くものであって、力学的秩序や技術的な合理性からきているものではない。

だからそのような美的秩序は、格式的なものに結びつき、また権威の象徴とさえなってゆくものである。桂にはこの伊勢いらいの伝統をひきついではいるが、しかし厳密な意味での木割りは存在していない。そのような格式的な木割り体系を否定し、破壊し、そこからこの自由な創造をなしとげたエネルギーはどこからきているのだろうか。それは「すき」とか「わび」とかよばれているものを生んだところのその源流にあるエネルギーである。いかにも突飛《とっぴ》に聞こえるかもしれないが、それは、日々貧しい生活を送りながら、生産に従事している人たちの下剋上してくるエネルギーである。ただそのエネルギーが萎縮し、裏がえしにされて出ているのである。これは「わび」「さび」といった、ゆがめられ裏がえされた生命力としてしか自己を現わすことができない。江戸のながい権力体制と鎖国のなかでは、民衆のエネルギーも「風流」でしかありえなかった。明治の文明開化もこれをくつがえすことができない。**西欧の外向的な自然主義**も、内向的、私小説的主情主義として受けとられてゆく過程が、これをよく示している。

王朝的な絶対権威と、幕府や軍部の絶対権力の二重の圧力によって、ながくとじこめられる、裏がえしにされていた民衆のエネルギーがこの戦後、はじめて、不十分ではあるが、解放されたのである。この解放されたエネルギーは、まだこんとんとはしているが、しかし伝統の否定者、破壊者として、歴史の表面に現われてきた。それはあるいはロックンーロールへ、またロカビリーへ、と転々とそのはけ口を見いだそうとして、こんとんとしている。画家も作家も、若い世代は、実験に身をかけて、自己を主張しはじめた。上層文化の伝統、弥生的伝統のにない手の目には、これらは百鬼夜行の混乱として、にくにくしげにうつるかもしれない。しかし私はこのこんとんとしたエネルギーが、歴史的必然性をもって、日本の伝統を破壊し、革新し、日本の伝統を正しく受け継いでゆく母体となることを信じて疑わない。

ものおじせず外界にたいして抵抗し、ぶつかってゆく態度から生まれる科学的認識、自己を主張しながら隣人と手をとって歩む社会性の自覚の芽ばえがある。つぼ庭に開いた四畳半座敷の反社会性、つぼ庭のサクラと風鈴から感じとった自然観の非科学性は、今のりこえられようとしている。平板な均衡の美学は、動的な量感を伴う生命力によっておびやかされるだろう。縄文的とよんでもよい、この解放された民衆の荒れ狂うエネルギーは、徐々に文化を形成してゆくだろう。弥生的伝統を否定し、破壊してゆく過程で、しかもそれとぶつかり合ってゆかねばならない。このぶつかりの燃焼のなかから、新しい日本の伝統は創造されるだろう。

現代、歴史上かつてない広がりと深みをもって、日本の伝統は革新されつつある、と私は考えている。しかし、私が東京都庁舎Ⅰ-④⑤を設計しているころは、この考えはまだ十分には確かめられていなかった。ここで私たちが新しくもちこんだ課題は建築を都市的な機能のなかで、いかに考え、その社会性の表現をいかにつかむかということ。また現代の技術をどこまでこの現実にぶつけてゆけるものか、その技術をいかに表現としてとらえるか、といった立場をもって伝統にいどむことであった。しかし当時、私は何か強く弥生的な伝統に心ひかれていた。正直にいって、それを否定するほどのエネルギーを、この現実のなかにも、また私の体内にも感じることができなかった。都庁舎の鉄の表現には、どこか弥生的なものがただよっている。そうしてそれが、今、盛りあがろうとしている民衆のエネルギーに応えていないのではないかと感じとることができた。

つぎに設計した香川県庁舎Ⅰ-⑥⑦も、基本的には同じ立場にたっているが、ここでは弥生的なものをのりこえようとする気持はより強く働いていた。この一階の空間はすべて市民に開放され、さらにそれは庭につながっている。ここは市民が集まってレコード・コンサートなどが催されるのだが、この風景を私たちは社会性の表現とよんでもよくはないだろうか。ここでは鉄にかわって、コンクリートが主体になっている。その構造的な合理性のなかで、コンクリートのいのちを捜し出そうとして、ぎりぎり到達したのがこの建物であった。

今、県民たちからは、城のような、塔のようなという合言葉で親しまれているということである。金子知事が、私たちの考えを支持してくださったことのたまものではあろうが、こんなふうに、あまりにも素直に県民に受け入れられてしまったことは、逆に私を不安にさせた。弥生的なものを否定しながら、私は日本の仏塔や城にたよっていたに違いない。またこれが素直に受け入れられた原因のひとつになっているのかもしれない。

私たちは、いまだかつてどこにもなかったものを創りたい。そうして、現代の民衆のエネルギーに十分応えうるものが創りたい。日本の伝統を否定し変革しつつ、しかも正しく伝統を受け継いでゆきたい。それを民衆と建築との応答——それは多くの場合、沈黙の応答なのであるが——のなかで、確かめてゆきたい。

（一九五九年）

（本編は、「新建築」一九五四年一月号、一九五五年一月号、一九五八年六月号、一九五九年一月号、「芸術新潮」一九五六年一月号、「朝日新聞」一九五九年四月二一日の掲載文に多少加筆したものである）

解説　理論とデザインの弁証法的両立

藤森照信

丹下健三は、文を書くということについて、建築家には珍しくいたく自覚的な人だった。たとえば、私が『丹下健三』(新建築社)の文を書き上げ、その校正刷りを見せたとき、主な内容については何も言わず、三点だけ直してもらえればありがたい、とおっしゃられた。

一つは、卒業論文の木材伝熱の研究について、「友人と一緒に自分も本気で取り組み、そこで駆使されている高度な数式を自分もちゃんと理解していた」。

二つ目は、戦中の坂倉準三の言動について、「そのとおりだったが、自分のお世話になった人だから、もう少しやさしく書いてほしい」。

三つ目は、大阪万博の後の状態を「亡命」と書いたところ「亡命は悪い言い方だから、海外の仕事ばかりになったに直してほしい」。

文は書いた人のもので他人がどうこういうもんではない、という姿勢が強く感じられた。丹下自身も文を書くことについては本気で取り組み、優れた文を綴りつづけている。とりわけ、一九五〇年代の文は優れ、建築デザインだけでなく、文章でも理論でも当時の日本の建築界をリードしていた。

たとえば伝統と創造についての一連の文がある。広島ピースセンターの完成に合わせ、川添登が建築界に論争をしかけて、いわゆる「伝統論争」が起こる。丹下自身は、伝統の問題はすでに戦時下に考え抜いてケリをつけたことだったからそれほど乗り気ではなかったが、白井晟一の縄文建築論に接して、それまでの自分の伝統観を改め、日本の伝統は縄文と弥生の対立する二項からなると変えた。

縄文・弥生の二項対立はすでに岡本太郎から聞いて知ってはいた。しかし、建築ではその二項がどの建築に相当するのかわからずにいたのが、白井の〝縄文＝江川太郎左衛門邸〟の論に接し、日本の伝統に一気に見通しをつける。そして、対立する二項から新しい第三項を導こうと努める。いうまでもなく弁証法の〝正↓反↓合〟の論理である。

丹下の論理の特徴について、川添登が「丹下弁証法と言って関係者のあいだではよく知られていた」と語ってくれたが、おそらく丹下は、旧制高等学校時代から大学にかけての時期に熱心に学んだマルクス主義から弁証法の論理を得たに違いない。

磯崎新も、どうやって丹下さんの弁証法と違う論理を立てるかが自分の課題の一つだった、とつい最近語ってくれた。

ここに収載された五〇年代の丹下論文の特徴は文の題にあって、「伝統と創造」「弥生的なものと縄文的なもの」「美的なものと生命的なもの」「デザインと構造」「フィクションとリアリティ」「技術と人間」「秩序と自由」などのごとく、ほとんどが対立する二項を出して表題としている。そして文の内容は、対立する二項の先に新しい〝合〟を求める。

丹下の弁証法的思考は尋常ならざる境地にまで到っていた。思考の論理構成だけでなくデザインの構成まで弁証法的だった。戦前の大東亜コンペ案、戦後の広島ピースセンター、代々木のオリンピック競技場、といった代表作を見ると、向かって左と右に対極的な形を置き、その中心を進んだ先に小さいがシンボリックな存在が見える。大東亜コンペなら富士山が、ピースセンターなら原爆ドームが、代々木の場合は見えないが、丹下のイメージの中では夕陽か富士山があったと思う。

五〇年代の文の中で一文を挙げろと言われれば、私ならずとも、
「美しきもののみ機能的である」
を挙げるにちがいない。

せんじ詰めれば、戦前なら「MICHELANGELO頌—Le Corbusier論への序説として」（一九三九）に、戦後なら「美しきもののみ機能的である」（一九五五）に、丹下の思考は尽きている。

意外に気づかれていないが、前者と後者は、あいだに戦争と一六年間を挟んで、実はひと続きなのである。

前者はハイデガーの美についての論「美しい神殿がギリシャの大地を現出させる」を基本にしていた。ギリシャ神殿の美が、ギリシャの大地の存在を人の目に明らかにさせる。〝存在〟と〝美〟の関係について、マルクス主義の唯物論は、存在を下部構造、美は上部構造として、存在の優先性を主張したが、これに対しハイデガーは美が存在を顕《あら》わにすると述べ、美に存在

論的意味を認めた。

この〝存在〟と〝美〟の関係を〝機能〟と〝美〟に置き換えると、前者と後者が実はひと続きであることが納得できよう。

「美しさを通じてのみ、建築空間が、機能を人間に伝えることができる」。

美が機能を顕わにする、と丹下は言うのである。美しい階段だけが、人を上らせようとする、つまり機能を発揮させる、という論理なのである。

日本の五〇年代は、建築と言葉の両方で、丹下が作った時代であった。

（建築史家・建築家）

作品

① 広島平和会館　原爆10周年平和祈念慰霊祭と原水爆禁止世界平和大会の模様（1955年８月６日）

② 広島平和会館原爆記念陳列館　南側全景

③ 住居　東側全景

④ 東京都庁舎綜合計画　模型の鳥瞰

⑤ 東京都庁舎本館　南側外観

⑥ 香川県庁舎　南側外観

⑦ 香川県庁舎　南側詳細（陶板画は猪熊弦一郎作）

県会館　南側全景

⑨ 草月会館　北側全景

⑩ 静岡市体育館（駿府会館） 南東側全景

⑪ 今治市庁舎・公会堂　市庁舎正面外観，右端は公会堂

⑫ 熱海ガーデンホテル　旧館庭園と新館1階庭園を結ぶ階段回りの夜景

⑬ 電通大阪支社　南側外観

⑭ 倉敷市庁舎　北側全景

⑮ 倉敷市庁舎　市民ホール東寄りの階段

⑯ 倉敷市民広場・公会堂計画　模型の鳥瞰

写真撮影（五十音順）

石 元 泰 博　②
彰国社写真部　カバー
多比良敏雄　⑬⑮
鳥畑英太郎　④⑯
平 山 忠 治　③
二 川 幸 夫　⑧⑪
村 沢 文 雄　⑤⑥⑦⑨⑩⑫⑭

写真提供

読売新聞社　①

著者略歴

丹下健三（たんげ・けんぞう）

1913年、大阪府生まれ
1935年、東京帝国大学（現・東京大学）工学部建築科卒業後、前川國男建築事務所に入所
1942年、大東亜建設記念営造計画設計競技に1等入選
1949年、東京大学大学院を修了後、同大学建築科助教授に就任
1951年、CIAMに招かれ、ロンドンで広島計画を発表
1961年、丹下健三・都市・建築設計研究所を設立
1963年、東京大学工学部都市工学科教授に就任（1974年まで、その後名誉教授）
　　　　フランス建築アカデミーゴールドメダル受賞
1964年、ミラノ工科大学名誉建築学博士
1965年、イギリス王立建築家協会ゴールドメダル受賞
1966年、アメリカ建築家協会ゴールドメダル受賞
1972年、ハーバード大学客員教授
1976年、西ドイツ政府よりプール・ル・メリット勲章受章
1980年、文化勲章受章
1983年、フランス、アカデミーフランセーズ正会員に選出
1986年、日本建築学会大賞（日本における現代建築の確立と国際的発展への貢献）
1987年、アメリカ政府よりプリッツカー賞受賞
1993年、高松宮殿下記念世界文化賞建築部門受賞
1996年、レジオンドヌール勲章受章
1997年、清華大学名誉教授
2005年、死去

［主な建築作品］
広島平和記念資料館（1952）
丹下健三自邸（1953）
広島平和会館本館、図書印刷原町工場（1955）
旧東京都庁舎、倉吉市庁舎（1957）
香川県庁舎（1958）
東京カテドラル聖マリア大聖堂（1964）
国立屋内総合競技場（1964）
山梨文化会館（1966）
日本万国博覧会会場マスタープラン・お祭り広場（1970）
草月会館（1977）
クウェート国際空港（1979）
在サウジアラビア日本国大使館（1985）
OUBセンタービル、ナンヤン工科大学（1986）
東京都新庁舎（1991）
新宿パークタワー（1994）
FCGビル（1996）
BMWイタリア本社ビル、ニース国立東洋美術館（1998）
上海銀行本社ビル（2005）

『人間と建築　デザインおぼえがき』は
1970年９月10日に第１版第１刷が発行されました。
本書は、第１版第14刷（1984年９月20日）をもとに、
著作のオリジナル性を尊重し、復刻しております。

復刻版　人間と建築　デザインおぼえがき

2011年11月10日　第１版発　行
2023年８月10日　第１版第３刷

著作権者との協定により検印省略

著　者　丹　下　健　三
発行者　下　出　雅　徳
発行所　株式会社　**彰　国　社**

自然科学書協会会員
工学書協会会員

162-0067　東京都新宿区富久町8-21
電　話　03-3359-3231（大代表）
振替口座　00160-2-173401

Printed in Japan

印刷：壮光舎印刷　製本：誠幸堂

ISBN 978-4-395-01239-8 C 3052　https://www.shokokusha.co.jp